진검승부
부수 한자
따라쓰기

한자 공부에 진심인 나를 위해
진검승부 부수 한자 따라쓰기

초판 1쇄 2022년 6월 24일
지은이 정원제 | **편집** 북지육림 | **북디자인** 이선영 | **제작** 제이오
펴낸곳 지노 | **펴낸이** 도진호, 조소진 | **출판신고** 제2019-000277호
주소 경기도 고양시 일산서구 중앙로 1542, 653호
전화 070-4156-7770 | **팩스** 031-629-6577 | **이메일** jinopress@gmail.com

ⓒ 정원제, 2022
ISBN 979-11-90282-46-8 (13710)

이 책의 내용을 쓰고자 할 때는 저작권자와 출판사의 서면 허락을 받아야 합니다.

• 잘못된 책은 구입한 곳에서 바꾸어드립니다.
• 책값은 뒤표지에 있습니다.

한자 공부에 진심인 나를 위해

진검승부

부수 한자

따라쓰기

정원제 지음

들어가는 글

『진검승부 부수 한자 따라쓰기』는 한자를 손으로 쓰면서 자연스레 익힐 수 있도록 도와주기 위해 지은 책입니다. 연필을 손에 쥐고 제시된 획순에 따라 한 획씩 따라쓰다 보면 '한자 별로 안 어렵네!'라는 생각이 절로 들 것입니다. 혹여 쓰다가 실수해도 상관없습니다. 연필로 쓰는 글씨는 붓글씨와 달리 언제든 지우고 다시 쓸 수 있으니까요. 게다가 기본적인 글자의 획순만 어느 정도 손에 익으면 나중에는 처음 쓰는 글자도 어색하지 않게 쓸 수 있습니다.

가끔 우리말을 처음 배우는 외국인들이 한글 쓰는 모습을 본 적이 있을 것입니다. 그야말로 '글자를 그린다'는 표현이 딱 맞습니다. 하지만 여러분이 외국의 낯선 문자를 처음 쓰더라도 마찬가지일 것입니다. 이렇듯 '글자를 그리지 않고 쓴다'라고 하기 위해선 어느 정도의 규칙이 필요한 겁니다. 그렇다고 해서 모든 글자의 획순이 절대적인 것도 아닙니다. 그러니 틀리면 안 된다고 미리 겁먹지 말고 편하게 따라써보기를 권합니다.

한자를 공부하는 방법은 매우 다양합니다. 우리말 용례 위주로 공부하는 방법, 글자의 자원(字源)을 깊이 연구하면서 공부하는 방법, 급수 시험 위주로 공부하는 방법 등이 있습니다. 그런 다양한 방법들 중에서 『진검승부 부수 한자 따라쓰기』는 214자 부수 글자의 모양에 주목했습니다. 책의 구성은 모양이 단순한 글자부터 시작해 점차 복잡한 모양의 글자를 만나는 구조로 되어 있습니다. 여기에 독자들의 이해를 돕기 위해 한자의 기본 획에 따라 글자들을 분류해놓았습니다.

바로 一(한일), ㅣ(뚫을곤), ノ(삐침별), ヽ(점주), ㄱ(꺾음). 이렇게 다섯 종류의 획입니다. 사실 ㄱ(꺾음) 안에는 亅(갈고리), ㄴ(새가슴) 등 한 번 꺾이는 다양한 획들이 포함되어 있습니다. 하지만 굳이 그런 획들을 세분하며 구별하지 않아도 괜찮습니다. 그냥 꺾이는 획들이라고만 알고 있어도 충분하다고 생각합니다.

참고로 말해두자면, 이 다섯 종류의 획 구별은 현대 중국어 간자 분류 체계를 상당 부분 참조한 것입니다. 여러분이 나중에 중국어를 공부하게 되더라도 분명 도움이 될 것이라 기대해봅니다. 아울러 언뜻 보기에 복잡하게 느껴지던 한자도 저 단순한 획들의 조합일 뿐이란 걸 깨닫게 되길 바랍니다.

2022년 6월
정원제

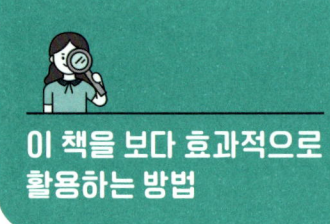

이 책을 보다 효과적으로 활용하는 방법

　『진검승부 부수 한자 따라쓰기』는 2022년 2월 지노에서 출간된 『진검승부 부수 한자 사전』과 긴밀하게 연계되어 있는 책입니다. 『진검승부 부수 한자 사전』이 이론 수업이라면 이 책은 현장 실습이라 할 수 있습니다. 그래서 본문의 각 부수 글자에 『진검승부 부수 한자 사전』의 해당 본문 위치를 표시해두었습니다. 언제든 궁금한 게 있으면 책을 뒤져서 자세한 내용을 확인해볼 수 있답니다.

　또한 각 부수 글자에는 별점이 표시되어 있습니다. 이는 해당 부수 글자의 활용도와 중요도 등 여러 가지 변수들을 고려하여 필자가 주관적으로 부여한 것입니다. 다시 말해 제가 생각하기에 자주 접하고, 알아두면 도움이 많이 될 것 같은 글자에 높은 별점을 주었습니다. 공인되고 객관적으로 정해진 기준은 아니니까 그냥 가볍게 참고만 하길 권합니다.

　혹 이 책을 순서대로 한 글자씩 따라쓰는 것이 너무 지루하거나 힘든 독자도 있을 겁니다. 그렇다면 책장을 넘기면서 별점 3개 혹은 4개 이상인 글자부터 골라서 따라써보는 것도 괜찮은 방법일 거라 생각합니다.

한자 획순의 기본 원칙

개별 글자마다 약간씩 차이는 있지만 그래도 알아두면 편리한 원칙들입니다.

1 위에서 아래로, 왼쪽에서 오른쪽으로 씁니다. 기본적으로 한글과 비슷하다고 생각하면 되겠습니다.

川 (내천) ノ 川 川
言 (말씀언) 一 二 三 三 言 言 言
行 (다닐행) ノ ク ㇀ 彳 行 行

2 가로획과 세로획이 교차할 때는 가로획 먼저 씁니다. 덧셈 기호를 생각해 보면 되겠습니다.

十 (열십) 一 十
土 (흙토) 一 十 土
士 (선비사) 一 十 士

3 사각형 모양 글자는 세로획-꺾음-가로획 순으로 씁니다. 한글 자음 'ㅁ'도 이렇게 쓰면 예쁩니다.

口(입구)　｜　冂　口
日(날일)　｜　冂　日　日
目(눈목)　｜　冂　冂　目　目

4 글자 아랫부분을 뚫고 나가는 세로획은 가장 마지막에 씁니다. 가로획들을 한 줄로 꿰면서 마무리합니다.

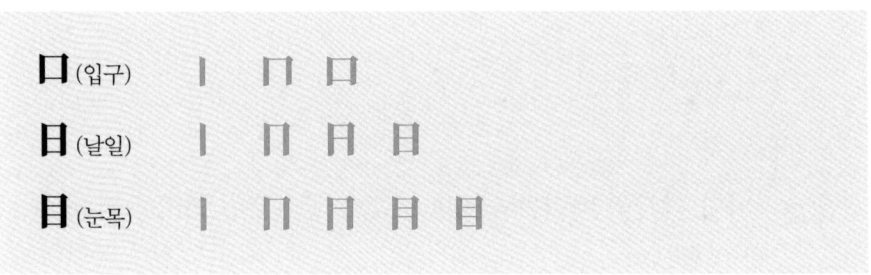

干(방패간)　一　二　干
車(수레거)　一　厂　市　百　亘　車
牛(소우)　丿　𠂉　𠂒　牛

5 세로획이 글자 아랫부분을 뚫고 나가지 않는 경우는 가로획으로 마무리합니다. 干(방패간)과 工(장인공)을 비교해보세요.

工(장인공)　一　丅　工
王(임금왕)　一　二　干　王
里(마을리)　｜　冂　日　日　里　里　里

6 마치 기둥을 세우듯 세로획 먼저 쓰는 글자도 있습니다. 干(방패간)과 小(작을소)를 비교해보세요.

7 왼쪽에 있지만 나중에 써야 하는 경우도 있습니다. 辶(책받침), 廴(민책받침)

8 겉을 둘러싼 형태의 글자는 아래획을 제외한 덮개 부분부터 씁니다.
冂(멀경), 門(문문), 口(큰입구)

차례

들어가는 글 ···· 4
이 책을 보다 효과적으로 활용하는 방법 ···· 6
한자 획순의 기본 원칙 ···· 7

PART 1 첫 획 一 ···· 11

PART 2 첫 획 丨 ···· 41

PART 3 첫 획 丿 ···· 61

PART 4 첫 획 丶 ···· 93

PART 5 첫 획 → ···· 115

획수로 부수 찾아보기 ···· 135

PART 1

첫 획

부수 한자 쓰기 一 二 十 厂

'하나'를 표시하는 기호이다. 글자 획의 가장 기본이라 할 수 있다. 다른 글자 내에서는 종종 '땅, 대지'의 의미로 작용하기도 한다.

| 1획 | 一 |

한일

★★★★☆

『진검승부 부수 한자 사전』
198장 참조

'둘'을 표시하는 기호이다. 참고로 三(석 삼)은 부수자가 아니다.

| 2획 | 一 二 |

두이

★★☆☆☆

『진검승부 부수 한자 사전』
199장 참조

十匙一飯 [십시일반]
열 숟가락씩 모으면 밥 한 그릇이 된다.

十
열십

★★⯪☆☆
『진검승부 부수 한자 사전』
195장 참조

숫자 10을 나타내는 기호이다. 과거 1은 가로획인 一, 10은 세로획인 丨형태였다. 이후 점차 팔이 길어지며 十의 모양으로 변형된 것이다.

2획 | 一 十

厂
민엄호

★★★☆☆
『진검승부 부수 한자 사전』
83장 참조

험한 낭떠러지의 상형이다. 石(돌 석), 反(되돌릴 반) 등의 글자에서 볼 수 있다. 广(엄호밑)에서 점 하나 빠진 형태라 하여 '민엄호'라 불린다.

2획 | 一 厂

부수 한자 쓰기 匚 ㄷ 土 士

匚

터진입구

★★☆☆☆
『진검승부 부수 한자 사전』
176장 참조

네모난 모양의 책장이나 선반을 단순화하여 표현한 것이다. 글자 단독으로는 '상자 방'이지만 거의 쓰지 않는다. 口(큰입구)에서 우측이 터진 모양이라 하여 '터진입구'라 불린다.

2획 | 一 匚

匸

터진에운담

★★☆☆☆
『진검승부 부수 한자 사전』
177장 참조

물건을 넣고 뚜껑을 덮는다(一)는 의미를 표현한 것이다. 단독으로는 '감출 혜'이지만 거의 쓰지 않는다. 口(큰입구)를 달리 '에운담'이라 부르기도 하는데, 여기서 이름을 따와 '터진에운담'이라 불린다.

2획 | 一 匸

泰山不讓土壤 [태산불양토양]
태산은 작은 흙덩이도 마다하지 않는다.

土
흙토
★★★★★
『진검승부 부수 한자 사전』
10장 참조

땅의 신에게 제사 지내기 위해 쌓은 흙더미의 상형이다. '흙' 또는 '신사(神社)'의 뜻을 나타낸다.

3획 | 一 十 土

士
선비사
★★☆☆☆
『진검승부 부수 한자 사전』
116장 참조

자루 넓은 도끼의 상형이다. 파생하여 '도끼를 다루는 남자' 그리고 '선비'의 의미를 나타내게 되었다. 본래부터 점잖은 의미는 아니었던 셈이다.

3획 | 一 十 士

부수 한자 쓰기 干 工 寸 弋

干

방패간

『진검승부 부수 한자 사전』
123장 참조

끝이 갈라진 형태의 방패를 본뜬 것이다. 하지만 다른 글자 내에서 '방패'의 의미로 작용하는 경우는 드물지만, 글자 형태는 매우 빈번하게 볼 수 있다.

3획 | 一 二 干

工

장인공

『진검승부 부수 한자 사전』
125장 참조

대장간에서 사용하는 어떤 공구의 상형이다. 끌, 곱자, 모루 등 다양한 의견이 존재한다. 다른 글자 내에서 '장인, 일하다' 등의 의미로 작용한다.

3획 | 一 T 工

一寸光陰不可輕 [일촌광음불가경]
아주 짧은 시간도 헛되이 보내선 안 된다.

寸

마디촌

★★★★☆
『진검승부 부수 한자 사전』
66장 참조

사람의 손에 점(丶) 하나 찍힌 형태이다. 본래 손목에 뛰는 맥박을 의미했지만 '마디', '길이 단위', '친척 간의 촌수' 등 다양한 의미로 활용된다.

3획 | 一 寸 寸

弋

주살익

★★☆☆☆
『진검승부 부수 한자 사전』
114장 참조

말뚝의 상형이면서 주살의 상형이다. 주살이란 줄을 매어 쏘는 화살을 말한다. 그래서 弋이 포함된 글자는 경우에 따라 '말뚝'으로 풀이하기도 하고 '주살'로 풀이하기도 한다.

3획 | 一 弋 弋

부수 한자 쓰기 大 犬 犭 尢

大 큰대

두 팔 벌린 사람의 모습을 나타낸 글자이다. 다른 글자 내에서 대부분 '사람'의 의미로 작용한다.

3획 | 一 ナ 大

★★★☆☆
『진검승부 부수 한자 사전』
69장 참조

犬 개견

개(dog)의 상형으로, 개나 여러 짐승과 관련된 글자들에 사용된다. 글자의 좌측에서는 犭형태로 변형된다.

4획 | 一 ナ 大 犬   犭(3획)

★★★★☆
『진검승부 부수 한자 사전』
41장 참조

大器晚成 [대기만성]
큰 그릇은 뒤늦게 만들어진다.

개사슴록변

★★★★☆

『진검승부 부수 한자 사전』
41장 참조

개(dog)의 상형인 犬(개견)의 변형된 형태이다. 글자의 좌측에만 위치하며 '개견변' 혹은 '개사슴록변'이라 불린다.

3획 | ノ 犭 犭

尢

절름발이왕

★☆☆☆☆

『진검승부 부수 한자 사전』
183장 참조

정강이가 구부러진 사람의 모습을 표현한 것이다. 마찬가지로 사람의 상형인 大(큰 대)와 비교해보면 비대칭을 강조했음을 알 수 있다.

3획 | 一 ナ 尢

부수 한자 쓰기 廾 艹 艸

廾
밑스물입

★★☆☆☆
『진검승부 부수 한자 사전』
190장 참조

물건을 공손하게 받쳐 든 두 손의 모습이다. 때문에 항상 글자의 하단에만 위치한다. 20을 뜻하는 글자인 廿(스물 입)과 모양이 비슷해 '밑스물입'이라 불린다.

3획 | 一 亠 廾

艹
초두

★★★★★
『진검승부 부수 한자 사전』
54장 참조

艸는 땅에서 자라는 풀의 상형이다. 글자가 艹 형태로 변형되어 각종 식물 관련 글자들을 표현한다. 참고로 '초두'는 4획이나 3획으로 쓰기 때문에 초두가 포함된 글자의 총획도 그에 따라 달라진다.

4획 | 一 十 艹 艹

結草報恩 [결초보은]
풀을 묶어 은혜를 갚다.

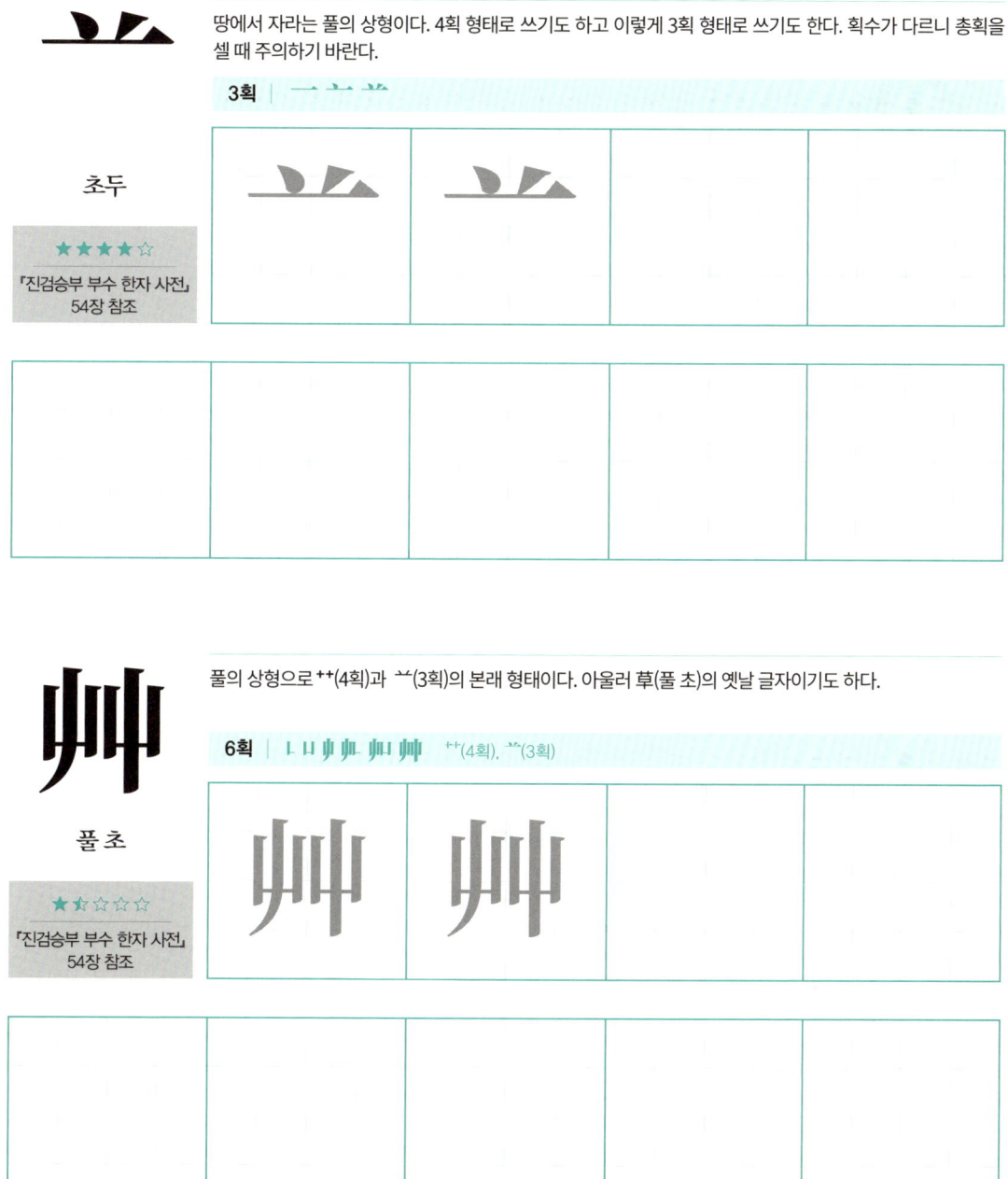

땅에서 자라는 풀의 상형이다. 4획 형태로 쓰기도 하고 이렇게 3획 형태로 쓰기도 한다. 획수가 다르니 총획을 셀 때 주의하기 바란다.

3획 | 一 ㅛ 艹

초두

★★★★☆
『진검승부 부수 한자 사전』
54장 참조

풀의 상형으로 艹(4획)과 艹(3획)의 본래 형태이다. 아울러 草(풀 초)의 옛날 글자이기도 하다.

6획 | 丨 凵 屮 屮丨 屮丨丨 艸   艹(4획), 艹(3획)

풀 초

★★☆☆☆
『진검승부 부수 한자 사전』
54장 참조

부수 한자 쓰기 木 支 戈 牙

木
나무목

★★★★★
『진검승부 부수 한자 사전』
84장 참조

나무의 상형이다. 여러 종류의 나무, 나무로 만든 각종 물건들에 활용된다.

4획 | 一 十 才 木

支
지탱할지

★★☆☆☆
『진검승부 부수 한자 사전』
141장 참조

손(又)으로 나뭇가지를 치거나 쥔 모습이다. 비슷한 글자로 攴(칠 복), 殳(몽둥이 수)를 들 수 있다. 단독으로는 '지탱하다, 지지하다'의 뜻을 나타내며, 글자 내에서는 '가지, 갈라지다'의 의미로 작용한다.

4획 | 一 十 亠 支

良禽擇木 [양금택목]
현명한 새는 나무를 가려 앉는다.

戈
창과

★★★★☆
『진검승부 부수 한자 사전』
62장 참조

자루 끝에 날이 있고 손잡이가 있는 창의 상형이다. 주로 걸어서 당기는 용도라 약간 굽은 형태임을 볼 수 있다. 각종 무기와 관련된 글자에 자주 등장한다.

4획 | 一 弋 戈 戈

牙
엄니아

★★☆☆☆
『진검승부 부수 한자 사전』
149장 참조

짐승의 엄니(tusk)가 맞물리는 모습이다. 좌측 하단의 丿이 엄니에 해당한다. 코끼리의 상아나 멧돼지의 튀어나온 이빨을 연상하면 되겠다. 글자 내에서 '삐져나오다'의 의미로 작용한다.

4획 | 一 𠄝 牙 牙

부수 한자 쓰기 无 歹 歺 比

无
없을무

★★☆☆☆

『진검승부 부수 한자 사전』
204장 참조

고개를 뒤로 돌린 사람의 상형이다. 과거에는 '없다(無)'는 의미로 다용되었기 때문에 '없을무'로 불린다. 다른 글자 내에서는 '고개 돌리다, 외면하다'의 의미로 작용한다.

4획 | 一 二 チ 无

歹
죽을사

★★★★☆

『진검승부 부수 한자 사전』
31장 참조

앙상하게 뼈만 남아 있는 시신의 모습을 본뜬 것이다. 죽음을 뜻하는 글자인 死(죽을 사)의 왼편이라 하여 '죽을사' 혹은 '죽을사변'으로 불린다.

4획 | 一 ア 歹 歹   歺(5획)

九死一生 [구사일생]
죽을 고비를 여러 차례 넘기고 살아남다.

歹
부서진뼈 알

★★☆☆☆
『진검승부 부수 한자 사전』
31장 참조

앙상한 뼈만 남은 시신의 상형이다. 죽음(death)을 대표하는 부수인 歹(죽을사변)의 변형된 형태라고만 알고 있으면 되겠다.

5획 | 一ㄅ歹歹歹

比
견줄비

★★☆☆☆
『진검승부 부수 한자 사전』
168장 참조

ヒ+ヒ. 사람을 의미하는 ヒ(비수 비)가 더해져 나란히 늘어선 사람들의 모습을 표현하고 있다. '견주다, 비교하다'의 뜻을 나타낸다. 이에 반해 北(북녘 북)은 서로 등지고 있는 두 사람이다.

4획 | 一ト b 比

부수 한자 쓰기 甘 玉 石 瓦

甘
달감

★☆☆☆☆
『진검승부 부수 한자 사전』
137장 참조

입(口)에 음식을 물고 있는 모습이다. '맛있다, 달다'의 뜻을 나타낸다. 다른 글자 내에서는 '물다, 끼워넣다'의 의미로도 작용한다.

5획 ｜ 一 十 艹 甘 甘

玉
구슬옥

★★★★☆
『진검승부 부수 한자 사전』
25장 참조

세 개의 옥을 세로로 꿴 모습이다. '구슬, 옥'을 뜻으로 널리 쓰인다. 다른 글자 내에서는 대부분 점이 생략된 王 형태로 쓰여 왕(king)으로 오해받기도 한다.

5획 ｜ 一 二 丅 王 玉   王(4획)

玉不琢不成器 [옥불탁불성기]
옥도 다듬지 않으면 그릇이 될 수 없다.

石
돌석

★★★★★
『진검승부 부수 한자 사전』
11장 참조

厂+口. 낭떠러지의 상형인 厂(민엄호)와 돌덩이를 단순화한 口형태가 더해져 '돌, 바위'를 표현하고 있다.

5획 ｜ 一 ㄱ 丆 石 石

瓦
기와와

★★☆☆☆
『진검승부 부수 한자 사전』
189장 참조

진흙을 구워 만든 질그릇의 상형이다. 가마에서 생산되는 각종 질그릇이나 기와의 뜻을 나타낸다.

5획 ｜ 一 厂 瓦 瓦 瓦

부수 한자 쓰기 示 礻 耳 臣

示
보일시

★★★★☆
『진검승부 부수 한자 사전』
33장 참조

제사 지낼 때 희생을 바치는 대의 모습을 나타낸 것이다. '제사'나 '신(神)'과 관련된 글자에 광범위하게 쓰인다.

5획 | 一 二 亍 示 示 礻(4획)

礻
보일시변

★★★☆☆
『진검승부 부수 한자 사전』
33장 참조

示(보일시)의 변형된 형태이다. 示(보일시)는 글자의 좌측에서 示(5획) 형태 그대로 있기도 하고 礻(4획) 형태로 변형되기도 한다. 혹여 衤(옷의)와 혼동하지 말자.

4획 | 丶 ⺈ 亍 礻

傾耳而聽 [경이이청]
귀를 기울이며 자세히 듣다.

耳
귀 이

★★☆☆☆
『진검승부 부수 한자 사전』
51장 참조

신체 부위인 귀(ear)의 상형이다. '귀' 혹은 '듣는 행위'와 관련된 글자에 사용된다.

6획 | 一 T F F 耳 耳

臣
신하 신

★★☆☆☆
『진검승부 부수 한자 사전』
102장 참조

오른쪽을 향해 크게 뜬 눈의 상형이다. 다른 글자 내에서 주로 '눈'의 의미로 작용한다. 과거 신하는 임금을 함부로 올려다보지 못했기에 '눈'에서 '신하'의 의미가 나타난 것으로 보인다.

6획 | 一 T F 丘 臣 臣

부수 한자 쓰기  而 而 至 老

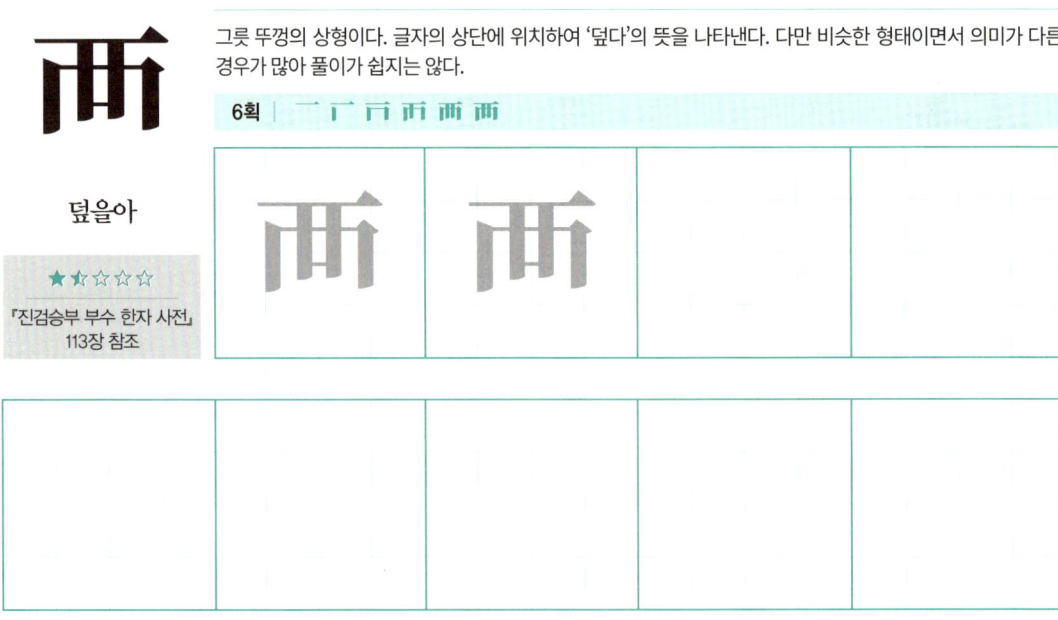

그릇 뚜껑의 상형이다. 글자의 상단에 위치하여 '덮다'의 뜻을 나타낸다. 다만 비슷한 형태이면서 의미가 다른 경우가 많아 풀이가 쉽지는 않다.

덮을아

★★☆☆☆
『진검승부 부수 한자 사전』
113장 참조

6획

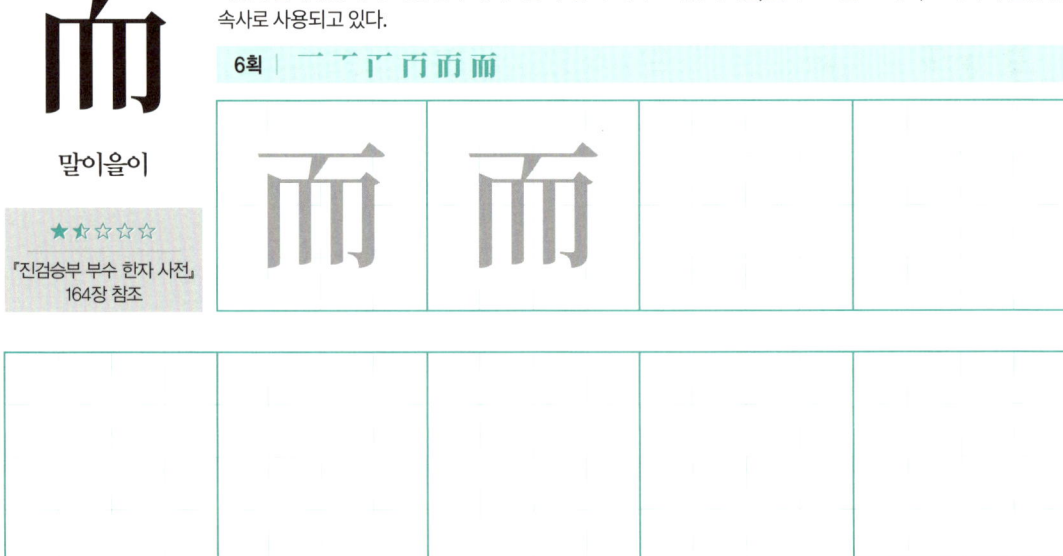

사람 수염의 상형이다. 다른 글자 내에서는 '수염'의 의미로 작용하지만, 단독으로는 '그리고, 그러나'와 같은 접속사로 사용되고 있다.

말이을이

★★☆☆☆
『진검승부 부수 한자 사전』
164장 참조

6획

少年易老學難成 [소년이로학난성]
소년이 늙기는 쉬우나 학문은 이루기 어렵다.

至
이를지
★☆☆☆☆
『진검승부 부수 한자 사전』
115장 참조

一+矢. 목표물(一)에 화살(矢)이 꽂힌 모습을 표현한 것이다. '이르다, 당도하다'의 뜻을 나타낸다.

6획 | 一 工 丆 至 至 至

老
늙을로
★★★☆☆
『진검승부 부수 한자 사전』
34장 참조

허리를 구부려 지팡이를 짚고 서 있는 노인의 모습을 표현한 글자이다. '늙다, 늙은이'의 뜻을 나타내며 耂 형태로 다른 글자에 포함되어 쓰인다.

6획 | 一 十 土 耂 老 老   耂(4획)

부수 한자 쓰기 車 豆 酉 走

車

수레거

★★★★⯨

『진검승부 부수 한자 사전』
75장 참조

수레나 수레바퀴축의 모습을 단순화한 형태이다. 수레와 관련된 다양한 글자에 등장한다. 독음이 '거'와 '차' 두 가지이므로 '수레차'로도 불린다.

7획 一 ㄱ 厂 百 百 亘 車

車 車

豆

콩두

★★☆☆☆

『진검승부 부수 한자 사전』
111장 참조

머리 부분이 큰 그릇의 상형이다. 글자 내에서 '그릇, 제기'의 의미로 작용한다. 단독으로 쓰일 때만 '콩'의 뜻을 나타내는 게 눈에 띈다.

7획 一 ㄱ 百 百 百 豆 豆

豆 豆

走馬加鞭 [주마가편]
달리는 말에 채찍을 가하다.

酉
닭 유

★★★★☆
『진검승부 부수 한자 사전』
3장 참조

술그릇의 상형으로, 술을 비롯한 각종 발효음식을 나타낸다. 십이지 중 열 번째 지지인 '닭'에 배속되어 흔히 '닭 유'로 불린다.

7획 | 一 厂 ァ 万 两 酉 酉

走
달릴 주

★★★★☆
『진검승부 부수 한자 사전』
7장 참조

大+止. 사람의 상형인 大(큰 대)와 발의 상형인 止(그칠 지)가 더해져 '달리다'의 의미를 표현하고 있다.

7획 | 一 十 土 キ 丰 走 走

부수 한자 쓰기 辰 赤 豕 雨

辰
별진

★★☆☆☆
『진검승부 부수 한자 사전』
134장 참조

조개껍데기의 상형이다. 과거에는 조개껍데기를 농기구로도 사용했다. 때문에 다른 글자 내에서 '조개, 농기구'의 의미로 작용한다. 단독으로는 '별'의 뜻으로도 쓰여 '별진'이라 불린다.

7획 ｜ 一 厂 厂 匚 辰 辰 辰

赤
붉을적

★★☆☆☆
『진검승부 부수 한자 사전』
167장 참조

화려한 불빛(火)을 받고 있는 사람(大)의 모습을 표현한 것이다. 변형이 많은 편인데 '빛나다, 붉다'의 의미를 나타낸다.

7획 ｜ 一 十 土 キ 方 赤 赤

雨後竹筍 [우후죽순]
비온 뒤에 여기저기 솟아나는 죽순.

豕
돼지 시

★★★☆☆
『진검승부 부수 한자 사전』
87장 참조

멧돼지의 상형이다. 돼지 혹은 돼지와 비슷한 동물을 나타내는 글자에 활용된다.

7획 ｜ 一丆丂丂豕豕豕

雨
비 우

★★★★★
『진검승부 부수 한자 사전』
17장 참조

빗방울이 구름에서 뚝뚝 떨어지는 모습을 나타내고 있다. 각종 기상현상을 표현하는 데 다용되는 글자이다.

8획 ｜ 一丆丙丙雨雨雨雨

부수 한자 쓰기 靑 面 頁 革

靑 푸를청

★★★★☆
『진검승부 부수 한자 사전』
129장 참조

윗부분은 초목의 상형인 生(날 생)이 변형된 형태이다. 하지만 아랫부분이 무슨 의미인지 명확하지 않다. 단독으로 '푸르다'의 뜻을 나타내며, 다른 글자 내에서 '순수하다'의 의미로 작용한다.

8획 ｜ 一 二 キ 主 丰 青 青 青

面 낯면

★★☆☆☆
『진검승부 부수 한자 사전』
160장 참조

사람의 눈(目) 주위에 윤곽을 그려 '얼굴, 낯'을 표현하였다. 首(머리 수)와 친척 글자라 할 수 있다.

9획 ｜ 一 ア 7 行 而 而 面 面 面

靑出於藍 [청출어람]
쪽에서 나온 물감이 쪽보다 더 푸르다.

頁

머리혈

★★★★☆

「진검승부 부수 한자 사전」
57장 참조

首(머리 수) 아래에 다리를 붙인 형태라 할 수 있다. 사람의 머리를 강조해 표현한 것인데 '머리'와 관련된 여러 글자들에 쓰인다.

9획　一 丆 丆 丆 百 百 頁 頁

頁	頁		

革

가죽혁

★★☆☆☆

「진검승부 부수 한자 사전」
184장 참조

벗겨낸 짐승 가죽의 상형이다. 가죽으로 만든 갖가지 물건들을 표현하는 글자에 등장한다. 여기에 가죽 겉과 속을 뒤집는 모습에서 '바꾸다, 고치다'의 의미가 파생되었다.

9획　一 十 廿 廿 芇 芇 苫 茁 革

革	革		

37

부수 한자 쓰기 鬲 麥 黃 鼓

鬲
솥력

★☆☆☆☆
『진검승부 부수 한자 사전』
154장 참조

다리가 셋인 솥의 상형이다. 각종 솥, 솥으로 찌는 행위 등을 나타낸다.

10획

麥
보리맥

★★☆☆☆
『진검승부 부수 한자 사전』
187장 참조

곡식의 일종인 보리의 상형이다. 보리나 보리로 만든 음식을 표현하는 글자에 쓰인다.

11획

鼓腹擊壤 [고복격양]
배를 두드리며 흙덩이를 친다. 살기 좋은 시절을 일컫는 표현.

黃

누를황

★☆☆☆☆

『진검승부 부수 한자 사전』
142장 참조

허리에 옥을 차고 있는 사람의 상형이다. 이를 패옥(佩玉)이라 하는데, 그 빛깔이 황금빛이라 '누렇다'의 의미가 나타났다.

12획 │ 一 十 卄 # # 丗 芒 芒 芇 苗 黃 黃

鼓

북고

★★★★★

『진검승부 부수 한자 사전』
175장 참조

壴+支. 좌측의 壴가 북의 상형이고, 우측의 支가 손에 북채를 들고 있는 모습이다. 여러 종류의 북과 북을 치는 행위를 표현하는 데 사용된다.

13획 │ 一 十 士 + 吉 吉 吉 壴 壴 壴 鼓 鼓 鼓

PART 2

첫 획

부수 한자 쓰기 丨 冂 卜 巾

丨

뚫을곤

★⯪☆☆☆

『진검승부 부수 한자 사전』
200장 참조

위와 아래를 관통한다는 의미를 세로획으로 표현한 것이다. 단독으로는 거의 쓰이지 않지만, 물건을 꼬챙이로 꿴 모습을 표현한 串(꿰미 천)과 같은 글자에서 찾아볼 수 있다.

| 1획 | 丨 | | | |

冂

멀경

★⯪☆☆☆

『진검승부 부수 한자 사전』
192장 참조

막다른 장소나 막힌 공간을 단순화하여 표현한 것이다. 단독으로는 도읍에서 아주 멀리 떨어진 오지의 의미로 사용되었다.

| 2획 | 丨 冂 | | | |

42

葛巾野服 [갈건야복]

갈건과 베옷. 처사의 소박한 옷차림을 가리키는 말.

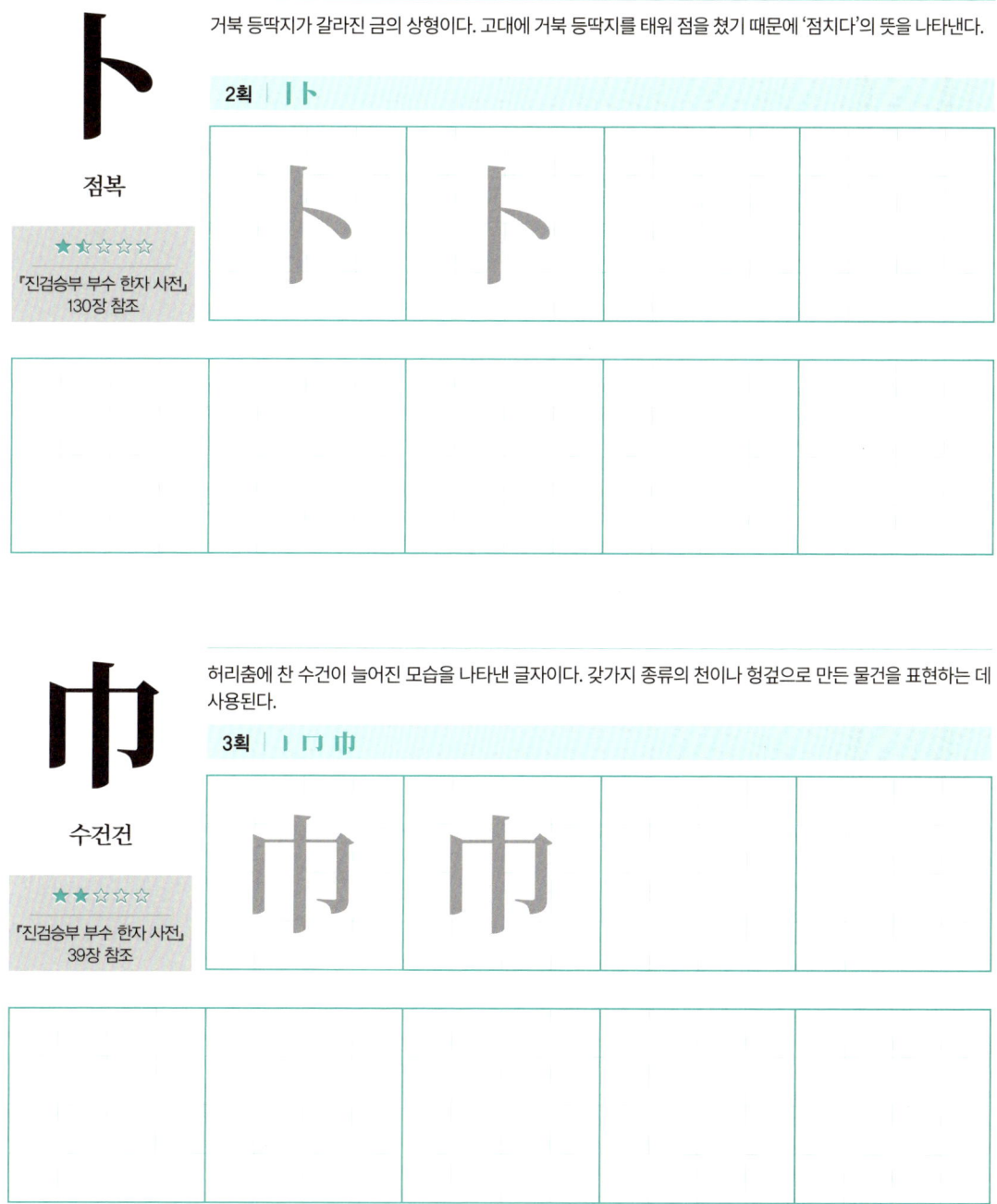

부수 한자 쓰기 口 囗 日 曰

口
입구

★★★★★
『진검승부 부수 한자 사전』
76장 참조

사람 입의 상형이다. 해의 상형인 日(날 일)과 마찬가지로 원형을 사각형 형태로 표현하고 있다. 그런데 글자 내에서 口가 항상 입이라고 생각해선 곤란하다. 글자에 따라 의미가 다양하니 주의하기 바란다.

3획 | 丨 冂 口

囗
큰입구

★★★★☆
『진검승부 부수 한자 사전』
1장 참조

'둘레를 에워싸다, 포위하다'의 의미를 표현한 글자이다. 口(입 구)와 모양이 비슷해 '큰입구'로 불린다.

3획 | 丨 冂 囗

良藥苦口 [양약고구]
몸에 좋은 약은 입에 쓰다.

日
날일
★★★★☆
『진검승부 부수 한자 사전』
64장 참조

환하게 빛나는 해(sun)의 상형이다. 글자 내에서 '해, 날, 낮' 등 다양한 의미로 작용한다.

4획 ｜ 丨 冂 日 日

曰
가로왈
★★☆☆☆
『진검승부 부수 한자 사전』
65장 참조

口+一. 사람의 입(口)에 가로획(一)을 덧붙여 '소리 내어 말하다'는 의미를 나타낸다. 日(날 일)과 거의 같은 형태인데 약간 납작하게 쓰면 되겠다.

4획 ｜ 丨 冂 日 曰

부수 한자 쓰기 山 | 止 | 齒 | 爿

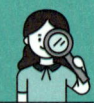

山

메산

★★★★★

「진검승부 부수 한자 사전」 12장 참조

산의 모습을 표현한 글자이다. '메'는 산을 뜻하는 순우리말이다.

3획 | 丨 凵 山

山 山

止

그칠지

★★★⯪☆

「진검승부 부수 한자 사전」 91장 참조

발(foot)의 상형이다. 글자 내에서 '발, 걷다, 움직이다' 같은 활동적인 의미로 작용한다. 단독으로 사용할 때만 '그치다, 멈추다'의 뜻을 나타낸다.

4획 | 丨 卜 𣥂 止

止 止

他山之石 [타산지석]
다른 산에 있는 하찮은 돌도 나의 옥을 가는 데에는 쓸모가 있다.

齒
이치

★★☆☆☆
『진검승부 부수 한자 사전』
162장 참조

아랫부분은 이빨의 상형이고, 윗부분은 발을 뜻하는 止(그칠 지)이다. 이빨로 음식 씹는 모습을 발(止)로 밟는 동작에 빗대어 표현한 것이다.

15획 | 丨 𠂉 止 𣥂 𣥒 𣥓 𣥔 𣥕 𣥖 𣥗 𣥘 𣥙 齒 齒

爿
장수장변

★★☆☆☆
『진검승부 부수 한자 사전』
150장 참조

긴 평상의 상형으로, 글자 내에서 '평상' 혹은 '길다'의 의미로 작용한다. 將(장수 장)의 좌측 부분이라 하여 부수 명칭은 '장수장변'이 되었다.

4획 | 丨 ㅓ ㅓ 爿

부수 한자 쓰기 目 田 皿 肉

目 눈목

『진검승부 부수 한자 사전』 36장 참조

사람의 눈을 본뜬 글자로 '눈'이나 '보는 행위'를 나타내는 데 널리 쓰인다. 罒 형태로 변형되기도 한다.

5획 丨 冂 冃 目 目

田 밭전

『진검승부 부수 한자 사전』 79장 참조

바둑판 모양으로 구획된 경작지의 상형이다. 글자 내에서 '논밭' 혹은 '사냥터'의 의미로 작용한다.

5획 丨 冂 冂 田 田

瓜田不納履 [과전불납리]
참외밭에서는 신발을 고쳐 신지 않는다.

皿

그릇명

★★★☆☆
『진검승부 부수 한자 사전』
38장 참조

음식을 담는 그릇의 상형이다. 여러 종류의 그릇과 그릇에 담는 동작을 나타내는 데 쓰인다.

5획 丨 冂 冋 血 皿

内

짐승발자국유

★★☆☆☆
『진검승부 부수 한자 사전』
207장 참조

뒷발을 땅에 디디고 있는 짐승의 모습이다. 가운데 부분이 짐승의 꼬리에 해당한다. 비교해서 볼 글자로 瓜(오이 과: 5획)가 있다.

5획 丨 冂 冂 内 内

부수 한자 쓰기 虫 | 肉 | 月 | 网

虫
벌레충

★★★★☆
『진검승부 부수 한자 사전』
21장 참조

벌레나 뱀의 상형이다. 곤충을 포함해 각종 양서류, 파충류 등 다양한 동물들을 표현하는 데 쓰인다.

6획 ｜ 丨 ㅁ 口 中 虫 虫

肉
고기육

★★★★★
『진검승부 부수 한자 사전』
47장 참조

썰어놓은 고기의 상형으로, 고기나 신체와 관련된 글자에서 흔히 볼 수 있다. 글자 내에서 月형태로 변형되는 경우가 흔하다.

6획 ｜ 丨 冂 内 内 肉 肉　月(4획)

羊頭狗肉 [양두구육]
양의 머리를 매달아두고 개의 고기를 판다.

月
육달월

★★★★★
『진검승부 부수 한자 사전』
47장 참조

썰어놓은 고기의 상형인 肉(고기육)의 변형된 형태이다. 고기나 신체와 관련된 글자에 많이 사용된다. 月(달월)과 모양이 같아 '육달월'이라 불린다.

4획 | ノ 几 月 月

网
그물망

★★☆☆☆
『진검승부 부수 한자 사전』
37장 참조

그물의 상형으로 '그물, 그물질'이나 '얽어매다'의 뜻으로 사용된다. 罒 형태로 사용되는 경우가 대부분인데, 이 경우 目(눈 목)이 변형된 형태와 같아진다.

6획 | 丨 冂 冈 冈 网 网   网(4획) 罒(5획)

부수 한자 쓰기 虍 貝 見 里

虍

범호밑

★★★☆☆
『진검승부 부수 한자 사전』
52장 참조

虎(범 호)는 호랑이(tiger)의 상형이다. 虎의 좌상단 부분인 虍는 '범호밑'이라 불린다. 소속된 글자들을 살펴보면 반드시 호랑이와 관련이 있는 것만은 아님을 알 수 있다.

6획 ｜ 丨 𠂉 𠂆 虍 虍 虍

貝

조개패

★★★★☆
『진검승부 부수 한자 사전』
67장 참조

조개의 상형이다. 과거에는 조개가 화폐로 사용되었기 때문에 글자 내에서 '돈, 재물'의 의미로 작용하는 경우가 많다.

7획 ｜ 丨 冂 冂 冃 目 貝 貝

百聞不如一見 [백문불여일견]
백 번 듣는 것이 한 번 보는 것보다 못하다.

見
볼 견

★★☆☆☆
『진검승부 부수 한자 사전』
68장 참조

目+儿. 눈(目)이 몸통(儿)보다 더 큰 사람의 모습이다. 눈을 과장함으로써 '보다'의 의미를 재밌게 표현한 글자이다.

7획 ｜ 丨 冂 冂 冃 目 貝 見

里
마을 리

★★☆☆☆
『진검승부 부수 한자 사전』
127장 참조

田+土. 경작지(田)와 사당(土)이 더해져 사람들이 모여 사는 '마을'을 의미한다. 하지만 글씨를 쓸 때는 두 글자로 나누지 않고 세로획을 한 번에 쓰니 주의하기 바란다.

7획 ｜ 丨 冂 冂 日 旦 甲 里

부수 한자 쓰기 足 門 長 髟

足
발족
★★★★☆
『진검승부 부수 한자 사전』
8장 참조

口+止. 몸통을 뜻하는 口 형태에 발의 상형인 止(그칠 지)를 더해 '발'의 의미를 표현하고 있다.

7획 ⼁ ⼝ ⼞ 呈 ⾜ ⾜ ⾜

門
문문
★★★★☆
『진검승부 부수 한자 사전』
50장 참조

두 개의 문짝을 본뜬 모습이다. 여러 종류의 문과 관련된 글자에 두루 사용된다.

8획 ⼁ ⼀ ⼻ ⻔ ⻔ ⾨ ⾨ ⾨

敎學相長 [교학상장]
가르치고 배우며 서로 성장하다.

長
길장

★★☆☆☆
『진검승부 부수 한자 사전』
135장 참조

머리카락이 긴 사람의 모습을 표현한 것이다. '길다'의 뜻을 나타내며, 아울러 '어른, 우두머리, 자라다' 등 다양한 의미로 사용된다. 간혹 글자 내에서 镸 형태로 변형되기도 한다.

8획  镸(7획)

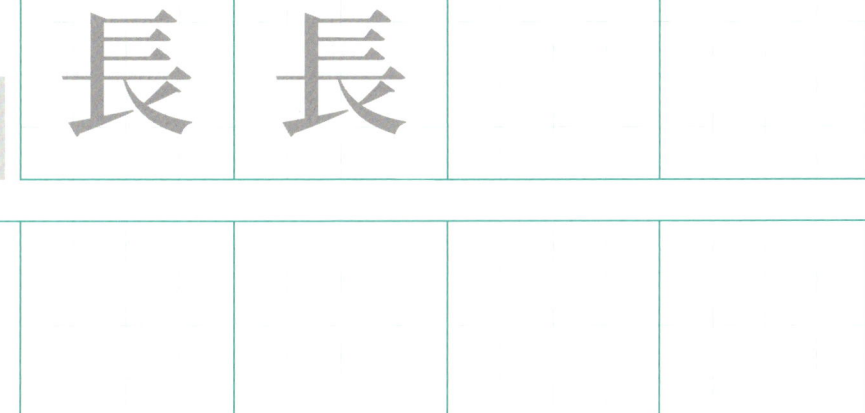

髟
터럭발밑

★☆☆☆☆
『진검승부 부수 한자 사전』
178장 참조

長+彡. 머리카락(彡)이 길게(長) 늘어진 모습을 표현한 것이다. 머리털을 뜻하는 髮(터럭 발)의 윗부분이라 하여 '터럭발밑'으로 불린다.

10획

55

부수 한자 쓰기 韭 骨 馬 鬥

韭
부추 구
★☆☆☆☆
『진검승부 부수 한자 사전』
210장 참조

땅 위에 자라 있는 부추의 상형이다. 부추를 비롯한 각종 나물을 표현한 글자에 등장한다. 또한 다른 글자 내에서 부추의 특징인 가늘고 긴 모양이 반영되기도 한다. 非(아닐 비)와 혼동하지 않기 바란다.

9획 ｜ 丨 丿 刂 彐 韭 韭 韭 韭 韭

骨
뼈 골
★★★★★
『진검승부 부수 한자 사전』
9장 참조

冎+月. 뼈다귀의 상형인 冎와 인체를 뜻하는 月(육달월)이 더해져 '뼈'를 의미한다.

10획 ｜ 丨 冂 冂 冎 冎 冎 骨 骨 骨

塞翁之馬 [새옹지마]
변방 노인의 말. 어떤 일이 좋은지 나쁜지는 지나봐야 알 수 있다는 의미임.

말 마

★★★★★

『진검승부 부수 한자 사전』
18장 참조

갈기털을 휘날리며 달리는 말의 모습을 나타낸 글자이다. '말'이나 '말타기'와 관련된 글자에 널리 쓰인다.

10획 ㅣ ㄷ ㄷ ㄷ 厍 馬 馬 馬 馬 馬

싸울 투

★☆☆☆☆

『진검승부 부수 한자 사전』
163장 참조

두 사람이 싸우는 광경을 표현한 글자이다. 鬪(싸울 투)의 부수이면서 옛 글자이다. 門(문 문)과 혼동하지 않기 바란다.

10획 ㅣ ㄷ ㄷ ㄷ ㄷ ㄷ ㄷ ㄷ ㄷ 鬥

부수 한자 쓰기 鹵 黑 黹 黽

鹵

소금밭로

★☆☆☆☆
『진검승부 부수 한자 사전』
212장 참조

주머니에 싼 소금의 상형이다. '소금'이나 '소금밭, 황무지'의 의미로 쓰인다.

11획 丿 ⺈ 广 卢 肉 肉 肉 肉 齿 鹵 鹵

鹵	鹵		

黑

검을흑

★⯨☆☆☆
『진검승부 부수 한자 사전』
110장 참조

아래 灬는 불, 즉 연화발이다. 아래쪽에서는 불을 피우고, 위쪽에는 검댕이 차는 모습을 표현한 것이다. '검댕'의 색깔인 '검정색'을 의미한다.

12획 丨 冂 冂 冂 囨 囲 里 黒 黑 黑 黑 黑

黑	黑		

近墨者黑 [근묵자흑]
먹을 가까이하면 검어진다.

黹

바느질할치

『진검승부 부수 한자 사전』
213장 참조

무늬를 수놓은 헝겊의 상형이다. 매우 보기 드문 부수이다.

12획 黹

黹 黹

黽

맹꽁이맹

『진검승부 부수 한자 사전』
208장 참조

양서류의 일종인 맹꽁이의 상형이다. 물가에 사는 여러 동물들을 표현할 때 사용된다.

13획 黽

黽 黽

부수 한자 쓰기 鼎

鼎
솥정

★☆☆☆☆
『진검승부 부수 한자 사전』
172장 참조

다리가 셋 달린 솥의 상형이다. 마찬가지로 세발솥을 뜻하는 鬲(솥력)과는 다른 종류의 솥이었던 것으로 보인다.

13획 | 丨 冂 冂 冃 冃 目 貝 鼎 鼎 鼎 鼎 鼎

PART 3

첫 획

부수 한자 쓰기 丿 人 匕 入

丿

삐침별

★☆☆☆☆
『진검승부 부수 한자 사전』
203장 참조

오른쪽 위에서 왼쪽 아래로 기울어진 획이다. 독립적인 의미는 전혀 없다.

1획	丿			
丿	丿			

人

사람인

★★★★★
『진검승부 부수 한자 사전』
90장 참조

사람의 상형이다. 역시 사람의 상형인 匕(비수 비)와는 좌우 대칭 형태를 보인다. 人(인)이 글자의 좌측에 위치할 때는 亻 형태가 되며, 이 경우 '인변' 혹은 '사람인변'이라 불린다.

2획	丿 人	亻(2획)		
人	人			

無求備於一人 [무구비어일인]
한 사람에게 모든 것을 갖추기를 바라지 말라.

匕
비수비
★★☆☆☆
『진검승부 부수 한자 사전』
89장 참조

사람의 상형이기도 하고, 숟가락의 상형이기도 하다. 각각 별개의 형태였던 '사람'과 '숟가락'이 단순화되면서 뒤섞인 것이다. 단독으로 사용될 때는 날카로운 칼인 '비수'의 의미로 쓰인다.

2획 ｜ ノ 匕

入
들입
★★☆☆☆
『진검승부 부수 한자 사전』
193장 참조

'안으로 들어간다'는 의미를 나타내는 기호라 할 수 있다. 안과 밖을 구별하는 경계나 손짓으로 추정된다. 참고로 內(안 내)는 막힌 공간인 冂(경)과 入(들 입)이 더해진 글자이다.

2획 ｜ ノ 入

부수 한자 쓰기 八 几 勹 儿

八
여덟팔

사물이 둘로 나뉜 모습을 단순화하여 표현하였다. 다른 글자 내에서 '나뉘다'의 의미로 강하게 작용한다. 단독으로는 숫자 8의 의미로 쓰이고 있다.

2획 | ノ 八

★★☆☆☆
『진검승부 부수 한자 사전』 194장 참조

几
안석궤

다리가 뻗어 있는 책상의 상형이다. 단독으로는 몸을 기대어 앉는 방석인 안석(案席)의 뜻으로 쓰이기 때문에 '안석궤'라 불린다.

2획 | ノ 几

★☆☆☆☆
『진검승부 부수 한자 사전』 118장 참조

七顚八起 [칠전팔기]
일곱 번 넘어져도 여덟 번 일어난다.

勹
쌀포

★★☆☆☆
『진검승부 부수 한자 사전』
104장 참조

사람이 팔로 무엇인가를 껴안은 모습이다. '싸다, 안다'의 뜻을 나타낸다. 소속글자 중 包(쌀 포)가 가장 대표적인 글자라 '쌀포' 혹은 '쌀포몸'으로 불린다.

2획 | ノ 勹

儿
어진사람인발

★★★☆☆
『진검승부 부수 한자 사전』
95장 참조

사람의 상형이다. 그런데 항상 글자의 하단에만 위치하기 때문에 부수 명칭에 '발'이 붙어 있다. '어진사람인발'이라 불리는데, 특별히 '어진' 성격인지는 의문이다.

2획 | ノ 儿

부수 한자 쓰기 彳 行 巛 彡

彳 두인변

사거리의 상형인 行(다닐 행)의 좌측 절반이다. '길을 가다'는 뜻을 나타내며, 亻(인변)과 비슷하여 '두인변'이라 불린다.

3획 | ノ ノ 彳

★★★★☆
『진검승부 부수 한자 사전』
5장 참조

行 다닐행

사거리의 모습을 단순화한 형태이다. '길, 가다'의 뜻을 나타낸다.

6획 | ノ ノ 彳 彳 行 行

★★★★☆
『진검승부 부수 한자 사전』
28장 참조

行雲流水 [행운유수]
하늘에 떠가는 구름과 흐르는 물.

川
개미허리

★★☆☆☆
『진검승부 부수 한자 사전』
99장 참조

졸졸 흐르는 냇물의 모습을 표현한 것으로, 글자 단독으로는 '내 천'이다. 다른 글자 내에서 巛 형태로 변형되는 경우가 제법 있다. 이 경우 의미와 무관하게 모양만 따서 '개미허리'라 부른다.

3획 | 丿 丿丨 川

彡
터럭삼

★★☆☆☆
『진검승부 부수 한자 사전』
58장 참조

길게 자란 머리카락의 상형이다. 글자 내에서 '털'이나 '머리카락'의 의미로 사용되며, 파생하여 '무늬, 꾸밈'의 뜻을 나타내기도 한다.

3획 | ノ ク 彡

부수 한자 쓰기 夂 夊 夕 月

夂
뒤져올치

★★☆☆☆

『진검승부 부수 한자 사전』
121장 참조

발의 상형이다. 단독으로는 '뒤떨어져 오다'의 뜻을 나타내며, 글자 내에서 '걷다, 이르다'의 의미를 나타낸다.

3획 | ノ ク 夂

夊
천천히걸을쇠

★★☆☆☆

『진검승부 부수 한자 사전』
122장 참조

발의 상형으로, 夂(뒤져올치)와 사실상 같은 글자이다. 단독으로는 '천천히 걷다'의 뜻을 나타내며, 다른 글자의 하단에서 '걷다' 혹은 '사람'의 의미로 작용한다.

3획 | ノ ク 夊

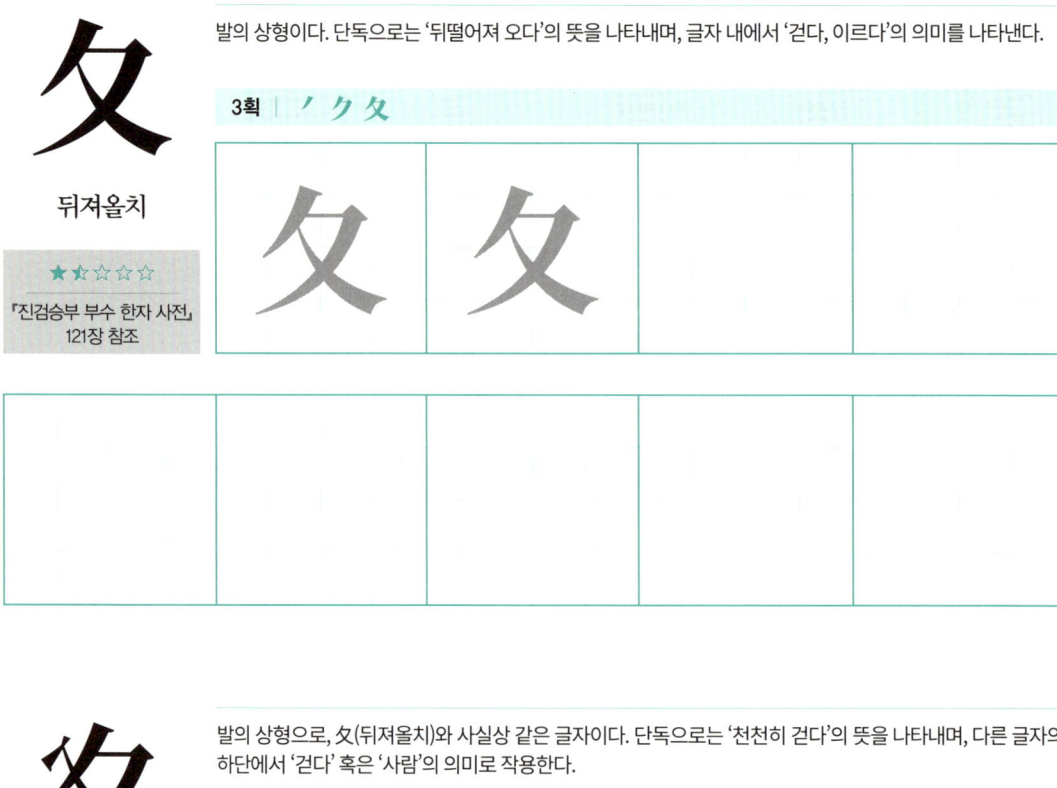

日就月將 [일취월장]
날마다 성장하고 달마다 발전한다.

夕
저녁 석

★★☆☆☆
『진검승부 부수 한자 사전』
55장 참조

반달이나 초승달의 상형이다. 月(달 월)과 한 뿌리에서 나온 형제 글자라 할 수 있다.

3획 ｜ ノ ク 夕

月
달 월

★★★★☆
『진검승부 부수 한자 사전』
56장 참조

반달이나 초승달의 상형이다. 그런데 肉(고기 육)이 月(육달월) 형태로 변형되어 쓰이는 경우가 매우 많다. 그러므로 글자 내에서 月을 보게 되면 주의하기 바란다.

4획 ｜ ノ 刀 月 月

부수 한자 쓰기 牛 爪 爻 氏

牛
소우

★★★★☆
『진검승부 부수 한자 사전』
88장 참조

뿔이 크게 나 있는 소의 상형이다. 소나 소와 관련된 여러 행위들을 나타내는 글자에 활용된다.

4획 ｜ ノ ⸝ 二 牛

牛	牛		

爪
손톱조

★★★☆☆
『진검승부 부수 한자 사전』
103장 참조

물건을 집어 올리는 손의 모습을 단순화한 것이다. 다른 글자 내에서 '들다, 잡다'의 의미로 쓰인다. 항상 글자의 상단에만 위치하며, 단독으로는 '손톱'의 뜻을 나타낸다.

4획 ｜ ノ 厂 爪 爪

爪	爪		

九牛一毛 [구우일모]
아홉 마리 소 중에 털 하나.

爻

점괘효

★☆☆☆☆
『진검승부 부수 한자 사전』
119장 참조

물건이 엇갈리게 엮인 모습을 표현한 것이다. 글자 내에서 '만나다, 엇갈리다'의 의미로 작용한다. 단독으로는 점괘를 나타내는 효의 뜻으로 쓰이기에 '점괘효'라 불린다.

4획 | ノ メ ゞ 爻

氏

각시씨

★☆☆☆☆
『진검승부 부수 한자 사전』
136장 참조

씨앗에서 뿌리와 싹이 튼 모습을 표현한 것이다. 주로 '성씨'의 의미로 쓰인다. 참고로 각시는 '아내, 부인'과 같은 뜻이다. 과거 여성은 이름이 없는 경우가 많았고 친가의 성씨로만 부르는 경우가 많았다.

4획 | ノ 匚 F 氏

부수 한자 쓰기 父 | 手 | 扌 | 毛

父 아비부

★★☆☆☆
『진검승부 부수 한자 사전』
146장 참조

손에 도끼를 들고 있는 모습이다. 손도끼를 손에 쥐고서 여러 가지 일을 하시는 '아버지'를 표현한 글자라 하겠다.

4획 | ノ ハ グ 父

手 손수

★★★★★
『진검승부 부수 한자 사전』
40장 참조

사람 손의 상형으로, 손으로 하는 여러 동작들을 표현한다. 글자의 좌측에서는 扌형태로 변형된다.

4획 | 一 二 三 手 扌(3획)

父精母血 [부정모혈]
자식은 부모의 정신과 육체를 물려받는다.

扌 재방변

사람 손의 상형인 手(손수)의 변형된 형태이다. 글자의 좌측에만 위치하며, 모양이 才(재주 재)와 비슷하여 '재방변'이라 불린다.

3획 | 一 亅 扌

★★★★★
『진검승부 부수 한자 사전』
40장 참조

毛 털모

사람이나 짐승의 몸에 나 있는 털의 상형이다. 털이나 털과 관련된 각종 물건을 표현한 글자에 널리 활용된다.

4획 | 一 二 三 毛

★★☆☆☆
『진검승부 부수 한자 사전』
165장 참조

부수 한자 쓰기 气 欠 戶 斤

气
기운 기

★☆☆☆☆
『진검승부 부수 한자 사전』
144장 참조

구름이나 상승 기류의 모습을 표현한 것으로 '숨, 김, 수증기'의 뜻을 나타낸다.

| 4획 | ノ 𠂉 气 气 |

欠
하품 흠

★★☆☆☆
『진검승부 부수 한자 사전』
74장 참조

사람이 입을 크게 벌린 모습을 표현한 것이다. 말하는 것 외에 입으로 하는 다양한 동작들을 표현하는데 '하품, 기침' 등이 여기에 해당한다.

| 4획 | ノ 𠂉 欠 欠 |

家家戶戶 [가가호호]
집집마다. 모든 집을 이르는 말.

戶

지게호

★★☆☆☆
『진검승부 부수 한자 사전』
72장 참조

한쪽만 열리는 문의 상형이다. 옛날 가옥구조에서 부엌이나 마루에서 방으로 통하는 외짝 문을 '지게문'이라 하였다. 그래서 '지게호'라 불리며, 집이나 문과 관련된 글자에 사용된다.

4획 ｜ 一 ｡ ⼛ 戶

斤

날근

★★☆☆☆
『진검승부 부수 한자 사전』
73장 참조

자루 끝에 날이 달린 도끼의 상형이다. 글자 내에서 '도끼, 도끼날, 베다'의 의미로 작용한다.

4획 ｜ 一 ⼓ 斤 斤

부수 한자 쓰기 攵 攴 뀻 片

攵

등글월문

★★★★☆

『진검승부 부수 한자 사전』
59장 참조

卜+又. 막대기(卜)를 손(又)에 든 모습으로 '치다'나 '행동하다'의 뜻을 나타낸다. 단독으로는 '칠 복(攴)'. 글자의 우측에서는 대부분 攵 형태로 변형되며, 文(글월 문)과 모양이 비슷해 '등글월문'이라 불린다.

4획 ｜ ノ ᅩ 匕 攵

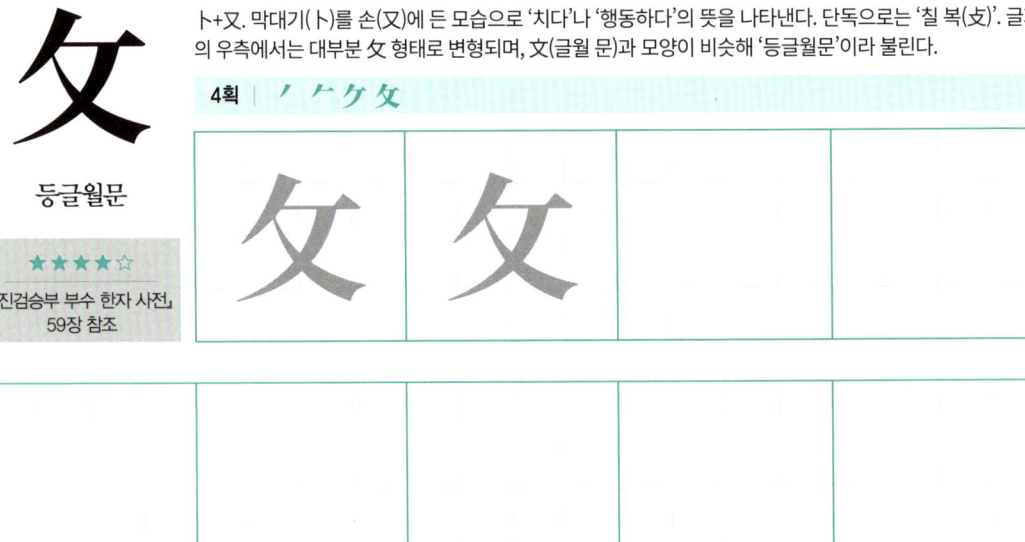

攴

칠 복

★★★☆☆

『진검승부 부수 한자 사전』
59장 참조

卜+又. 막대기(卜)를 손(又)에 든 모습이다. 동작을 나타내는 부수인 攵(등글월문)의 본래 형태이다. 간혹 攵 형태로 변형되지 않고 攴 형태가 살아 있는 글자도 볼 수 있다.

4획 ｜ 丨 ⼘ 攴 攴

一片丹心 [일편단심]
진심에서 우러나오는 변치 않는 마음.

殳

갖은등글월문

★★★☆☆

『진검승부 부수 한자 사전』
60장 참조

손(又)에 몽둥이를 들고 있는 모습이다. 단독으로는 '몽둥이 수'이지만 거의 쓰이지 않는다. 주로 글자의 우측에 위치하며 攵(등글월문)과 모양이 비슷해 '갖은등글월문'이라 불린다.

4획 ｜

片

조각편

★★☆☆☆

『진검승부 부수 한자 사전』
185장 참조

평상의 상형이다. 마찬가지로 평상의 상형인 爿(장수장변)과는 형제 글자이며 좌우 대칭이다. 하지만 현재 쓰임새는 상당히 달라졌다. 片(조각편)은 '조각, 납작하고 얇은 물건'의 의미로 작용한다.

4획 ｜ ノ 丿 ナ 片

부수 한자 쓰기 用 皮 瓜 矢

用

쓸용

★★☆☆☆

『진검승부 부수 한자 사전』 143장 참조

어떤 물건의 상형인지 확실하지 않다. 물건을 담는 통(桶)이라는 의견도 있고 종(鐘)이라는 의견도 있다. '사용하다, 쓰다'의 뜻을 나타낸다.

5획 ｜ 丿 冂 月 月 用

皮

가죽피

★★☆☆☆

『진검승부 부수 한자 사전』 148장 참조

짐승의 가죽을 손(又)으로 벗겨내는 모습이다. 사람이나 짐승의 '피부, 살가죽'의 의미를 나타낸다.

5획 ｜ 丿 厂 广 皮 皮

疑人不用 用人不疑 [의인불용 용인불의]
의심되는 사람은 쓰지 말고, 일단 쓴 사람은 의심하지 말라.

瓜 오이과
★★☆☆☆
『진검승부 부수 한자 사전』
153장 참조

5획 ｜ 一 厂 爪 瓜 瓜

덩굴에 열린 오이의 상형이다. '오이, 박'을 뜻하며, 박으로 만든 '표주박, 호리병' 등의 의미로도 쓰인다.

矢 화살시
★★☆☆☆
『진검승부 부수 한자 사전』
77장 참조

5획 ｜ 丿 ㅡ 느 矢 矢

날카로운 화살의 상형이다. 글자 내에서 '화살'의 의미로 쓰이며, 파생하여 '곧다, 자'의 의미도 나타낸다.

부수 한자 쓰기 禾 黍 香 生

禾
벼화

★★★★☆

『진검승부 부수 한자 사전』
94장 참조

익으면서 고개를 숙이는 벼의 상형이다. '벼, 곡식'의 의미로 널리 활용된다.

5획 | ノ 一 千 禾 禾

黍
기장서

★☆☆☆☆

『진검승부 부수 한자 사전』
171장 참조

禾+水. 과거 술(酒) 담그는 데 널리 쓰였던 곡식(禾)인 '기장'을 뜻한다. 여기서 水(물 수)가 사실은 술(酒)을 의미한다고 보면 되겠다.

12획 | ノ 一 千 禾 禾 禾 黍 黍 黍 黍 黍 黍

蘭香千里 [난향천리]
난의 은은한 향이 천 리를 가다.

香
향기 향

★☆☆☆☆
『진검승부 부수 한자 사전』
170장 참조

黍+甘. 기장(黍)으로 담근 술에서 나는 달콤한(甘) 향을 의미한다. '향, 향기'의 뜻을 나타내며 '향이 멀리 퍼지다'의 의미도 지닌다.

9획 | 一二千千禾禾香香香

香 香

生
날 생

★☆☆☆☆
『진검승부 부수 한자 사전』
128장 참조

땅 위로 자라나는 초목의 모습을 표현한 것이다. '태어나다, 살아 있다, 생기다'의 의미를 나타낸다.

5획 | ノ𠂉⺅生生

生 生

부수 한자 쓰기 竹 | 舌 | 舛 | 缶

竹
대죽

★★★★☆
『진검승부 부수 한자 사전』
32장 참조

대나무의 상형이다. 대나무를 이용해 만드는 물건이나 각종 문서와 관련된 글자에 널리 쓰인다.

6획 　ノ　ㅗ　ㅓ　ㅏ　ㅑ　竹

舌
혀설

★☆☆☆☆
『진검승부 부수 한자 사전』
138장 참조

입(口)에서 혀를 쏙 내민 모습을 표현한 것으로 '혀'를 의미한다. 하지만 다른 글자 내에서의 의미는 혀와 별 상관없는 경우가 대부분이다.

6획 　一　二　千　舌　舌　舌

舌芒於劍 [설망어검]
혀는 칼보다 날카롭다.

舛
어그러질천

★★☆☆☆
『진검승부 부수 한자 사전』
182장 참조

서로 반대 방향을 향해 있는 두 발을 표현한 것이다. '어그러지다, 삐걱거리다'의 뜻을 나타낸다.

6획 | ノ ク タ ヰ タヒ 舛

缶
장군부

★★☆☆☆
『진검승부 부수 한자 사전』
180장 참조

질그릇의 상형이다. 참고로 '장군'이란 술이나 간장을 담는 입구가 좁은 형태의 그릇을 말한다.

6획 | ノ 쏘 느 午 缶 缶

부수 한자 쓰기 臼 耒 色 采

臼

절구구

★★☆☆☆
『진검승부 부수 한자 사전』
112장 참조

곡식을 찧는 절구의 상형이다. 그런데 소속 글자들을 보면 臼가 갈라진 형태로 쓰이는 경우를 많이 볼 수 있다. 이 경우엔 절구가 아니라 '두 손'의 상형이다. 기실 '절구'와 '두 손'이 뒤섞여 있는 부수라 하겠다.

6획 | ㄧ ㄒ ㅌ 臼 臼 臼

耒

쟁기뢰

★★☆☆☆
『진검승부 부수 한자 사전』
188장 참조

나무의 좌우에 날카로운 이가 여럿 달린 쟁기를 표현한 것이다. 각종 농기구나 농사일과 관련된 글자에 등장한다.

6획 | 一 二 三 耒 耒 耒

形形色色 [형형색색]
모양과 빛깔이 저마다 다른 여러 가지.

色
빛색

★☆☆☆☆
『진검승부 부수 한자 사전』
166장 참조

색깔(color)이나 낯빛을 뜻하는 글자이다. 성(性)과 관련된 의미도 지니고 있다.

6획 | ⺈⺈⻂⺈色色

色 色

釆
분별할변

★☆☆☆☆
『진검승부 부수 한자 사전』
106장 참조

짐승의 발톱을 본뜬 것이다. 갈라진 발톱의 모양에서 '나누다, 분별하다'의 의미가 나타났다고 한다.

7획 | ノ⺈⺈平平釆釆

釆 釆

부수 한자 쓰기 谷 | 角 | 豸 | 非

谷
골곡

★☆☆☆☆
『진검승부 부수 한자 사전』
155장 참조

양쪽으로 물이 흐르는 골짜기의 상형이다. 물이 모이는 골짜기의 특성을 담아 '받아들이다, 담다'의 의미도 나타낸다.

7획 ｜ ノ 丷 ⼈ 八 公 谷 谷

角
뿔각

★★★☆☆
『진검승부 부수 한자 사전』
179장 참조

짐승 뿔의 상형이다. 뿔이나 뿔로 만든 각종 물건을 뜻하는 글자에 사용된다.

7획 ｜ ノ 勹 夕 角 角 角 角

矯角殺牛 [교각살우]
소의 뿔을 바로잡으려다 소를 죽이다.

豸

발없는벌레치

★★★☆☆
『진검승부 부수 한자 사전』
186장 참조

먹잇감을 덮치려고 몸을 웅크린 짐승의 상형이다. 단독으로는 '발 없는 벌레'의 뜻으로 쓰이기도 한다. 글자 모양이 豕(돼지시)와 비슷해 '갖은돼지시'로도 불린다.

7획

非

아닐비

★★☆☆☆
『진검승부 부수 한자 사전』
139장 참조

좌우로 벌어지는 날개의 상형이다. 바퀴벌레나 무당벌레처럼 좌우로 갈라지는 등날개로 보인다. 단독으로는 '아니다'라는 뜻으로 쓰이지만, 다른 글자 내에서는 '갈라지다, 벌어지다'의 의미를 나타낸다.

8획

부수 한자 쓰기 金 隹 食 風

金 쇠금

흙(土) 속에 포함되어 있는 물질이란 의미를 나타내고 있다. 각종 금속을 표현하는 대표 글자이다.

8획 | ノ 人 人 ㅅ 수 숲 金 金

★★★★★
『진검승부 부수 한자 사전』
23장 참조

隹 새추

새(bird)의 상형이다. 鳥(새 조)와 형제 글자라 할 수 있는데, 글자 내에 등장하는 빈도는 隹(새 추)가 압도적이다.

8획 | ノ 亻 亻 亻 亻 仹 隹 隹

★★★★★
『진검승부 부수 한자 사전』
78장 참조

金石盟約 [금석맹약]
쇠나 돌과 같이 굳은 약속.

밥식

★★★★☆
『진검승부 부수 한자 사전』
22장 참조

그릇에 음식을 담고 뚜껑을 덮은 모습이다. 윗부분인 亼이 뚜껑의 상형이다. '음식'이나 '먹는 행위'를 표현하는 데 널리 쓰이는 글자이다.

9획 | ノ 人 𠆢 亽 今 今 台 會 食 食

바람풍

★☆☆☆☆
『진검승부 부수 한자 사전』
131장 참조

여기서 虫(벌레 충)은 용(龍)을 의미한다. 虫(충)은 벌레, 파충류, 양서류 등 다양한 동물들을 포괄하는데, 이렇게 상상의 동물인 용도 될 수 있다. 비바람이 치는 하늘로 오르는 용을 상상하면서 써보기 바란다.

9획 | ノ 几 几 凡 凡 同 風 風 風

부수 한자 쓰기 鬯 魚 鼠 龜

鬯
술창
★☆☆☆☆
『진검승부 부수 한자 사전』
211장 참조

울창주라는 술을 담는 그릇의 상형이다. '술'과 관련된 의미로 사용된다.

10획 | ノ ㄨ ㄨ ㄨ ㄨ ㄨ 鬯 鬯 鬯 鬯

魚
물고기어
★★★★★
『진검승부 부수 한자 사전』
19장 참조

물고기의 상형이다. 각종 어류와 생선 혹은 어업과 관련된 글자에 널리 쓰인다.

11획 | ノ ㄅ ㄣ 么 刍 負 角 角 魚 魚 魚

吞舟之魚 [탄주지어]
배를 삼킬 만한 큰 물고기. 그릇이 큰 사람을 일컫는 말.

쥐서

★☆☆☆☆
『진검승부 부수 한자 사전』
173장 참조

쥐의 상형이다. 우측 하단의 꺾은 획이 쥐꼬리에 해당한다. 쥐나 쥐와 비슷한 여러 동물들을 표현할 때 사용된다.

13획

거북귀

★☆☆☆☆
『진검승부 부수 한자 사전』
174장 참조

느릿느릿 기어가는 거북의 상형이다. 좌측 하단에 거북의 발을 볼 수 있다.

16획

부수 한자 쓰기 龠

龠

피리약

★☆☆☆☆
「진검승부 부수 한자 사전」
214장 참조

피리의 상형이다. 구멍이 있는 관을 엮어 만든 피리의 모습을 본뜬 것이다. 부수 한자가 중에서 획수가 가장 많다.

17획 | ノ 人 ㅅ 亽 今 슈 侖 侖 侖 侖 龠 龠 龠 龠 龠 龠

PART 4

첫 획

부수 한자 쓰기

점주

★★☆☆☆
『진검승부 부수 한자 사전』
202장 참조

등잔불의 상형인 主(주인 주)의 윗부분에 해당한다. 그냥 '점'이 아니라 사실은 '불꽃'이었던 것이다. 하지만 다른 글자 내에서 불꽃의 의미로 작용하는 경우는 찾아볼 수 없다.

1획 ㇔

이수변

★★★★☆
『진검승부 부수 한자 사전』
27장 참조

얼음 결정을 본뜬 모습으로 '얼음, 추위'와 관련된 글자에 널리 쓰인다. 氵(삼수변)과 모양이 비슷해 '이수변'으로 불린다.

2획 ㇔ 冫

如履薄氷 [여리박빙]
살얼음을 밟듯 조심하다.

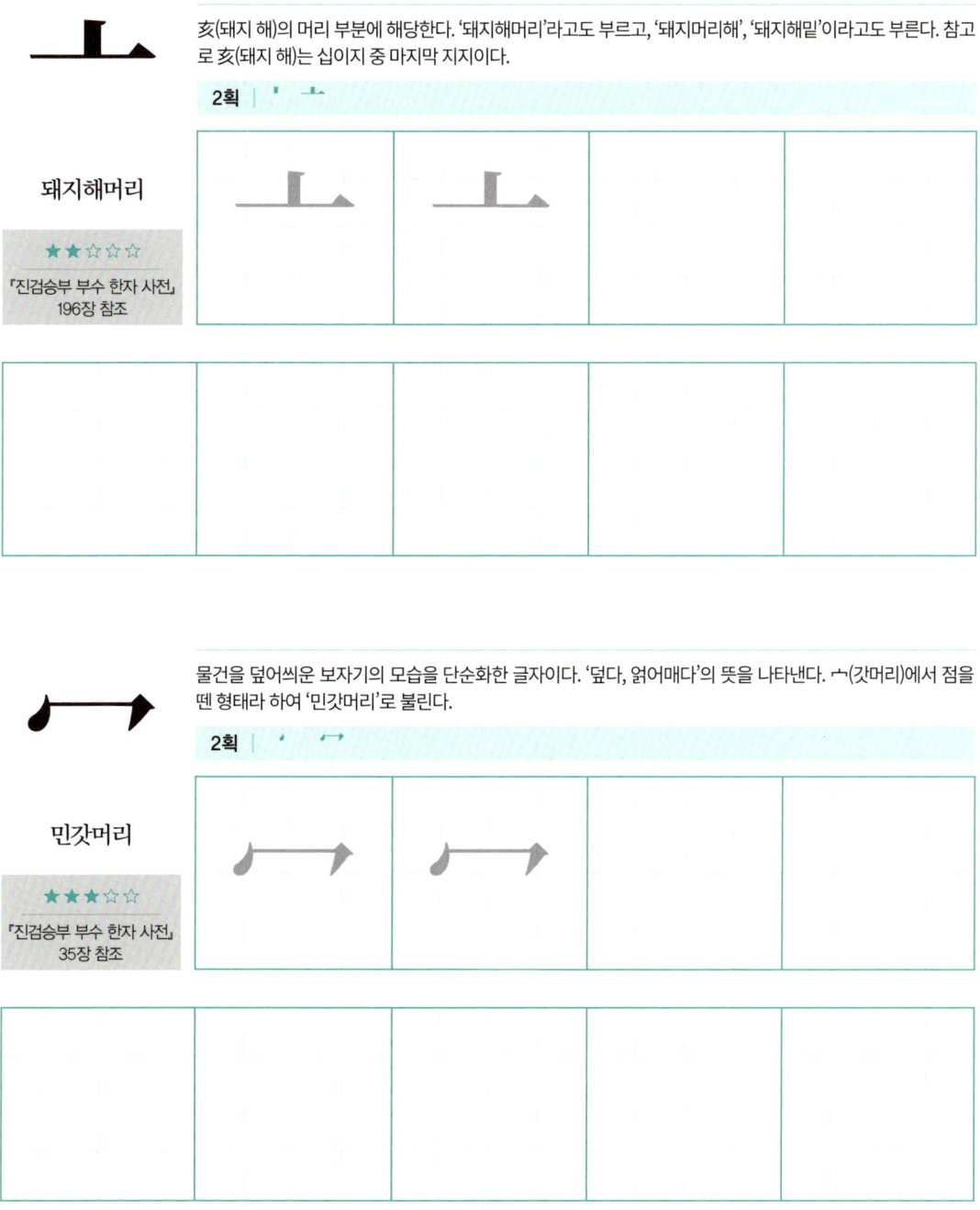

부수 한자 쓰기 宀 穴 广 疒

宀

지붕의 상형으로 '집, 공간'의 의미를 나타낸다. 글자 모양이 머리에 쓰는 갓과 비슷하고, 항상 글자의 상단에만 위치하기 때문에 '갓머리'라 불린다.

3획 ⎸ 丶 丷 宀

갓머리

★★★★★
『진검승부 부수 한자 사전』
86장 참조

穴

과거 원시적인 주거 형태인 반지하 움집 내지 동굴의 상형이다. '구멍'이나 '굴'의 뜻을 나타낸다.

5획 ⎸ 丶 丷 宀 宂 穴

구멍혈

★★★★☆
『진검승부 부수 한자 사전』
16장 참조

不入虎穴 不得虎子 [불입호혈 부득호자]
호랑이굴에 들어가지 않으면 호랑이 새끼를 잡을 수 없다.

广

엄호밑

★★★★☆
『진검승부 부수 한자 사전』
53장 참조

가옥의 지붕을 본뜬 모습이다. 독립된 글자로는 '집 엄'이지만, 단독으로는 거의 사용하지 않는다. 각종 건물과 관련된 글자에 널리 등장하며 '엄호' 또는 '엄호밑'이라 불린다.

3획

疒

병질엄

★★★★★
『진검승부 부수 한자 사전』
2장 참조

평상에 기대 누운 환자의 모습을 표현한 글자이다. 질병을 대표하는 글자인 疾(병 질)의 좌상단이라 '병질엄'으로 불린다.

5획

부수 한자 쓰기 心 忄 火 灬

心 마음심

심장(heart)의 상형으로, 주로 마음이나 기분과 관련된 글자들에 사용된다. 글자의 좌측에서는 忄 형태로 변형된다. 글자 하단에서는 灬 형태로 변하기도 한다.

4획 | ⼂ ⼃ 心 心   忄(3획) 灬(4획)

★★★★★
『진검승부 부수 한자 사전』
42장 참조

忄 심방변

심장(heart)의 상형인 心(마음심)의 변형된 형태이다. 글자의 좌측에만 위치하며 '심방변'이라 불린다.

3획 | ⼂ ⼃ 忄

★★★★★
『진검승부 부수 한자 사전』
42장 참조

以心傳心 [이심전심]
마음에서 마음으로 통하다.

火
불화
★★★★★
『진검승부 부수 한자 사전』
43장 참조

불꽃이 활활 타오르는 모습으로, 불이나 불과 관련된 도구에 사용된다. 글자의 하단에서는 灬 형태로 변형된다.

4획 | ⼂ ⼃ ⼩ 火   灬(4획)

灬
연화발
★★★★☆
『진검승부 부수 한자 사전』
43장 참조

불을 뜻하는 글자인 火(불화)의 변형된 형태로, 글자의 아래에만 위치하며 '연화발'이라 불린다.

4획 | ⼂ ⼃⼃ 灬 灬

부수 한자 쓰기 方 辶 辵 斗

方
모방

양쪽에 손잡이가 달린 쟁기의 상형이다. 참고로 깃발의 상형인 㫃(깃발 언)과 모양이 비슷해 혼용되고 있다.

4획 ` ^ 方 方

『진검승부 부수 한자 사전』 26장 참조

辶
책받침

行+止. 사거리의 상형인 行(다닐 행)과 발의 상형인 止(그칠 지)가 더해져 '길을 가다'의 뜻을 나타낸다. 하지만 辵(쉬엄쉬엄갈 착) 형태는 접하기 어렵고, 글자의 좌하단에 辶 형태로 위치하여 '책받침'으로 불린다.

4획 ` 丶 辶 辶   辵(7획)

『진검승부 부수 한자 사전』 29장 참조

八方美人 [팔방미인]
여러 방면에 능한 사람.

走
쉬엄쉬엄갈 착

★☆☆☆☆
『진검승부 부수 한자 사전』
29장 참조

行+止. 사거리의 상형인 行(다닐 행)과 발의 상형인 止(그칠 지)가 더해진 형태이다. 글자의 좌하단에서 막강한 부수인 辶(책받침)의 본래 글자이다.

7획 | 一 + + 中 + 走 走

斗
말두

★★☆☆☆
『진검승부 부수 한자 사전』
96장 참조

물건의 양을 되는 국자의 상형이다. 글자 내에서 '국자, 양을 되다'의 의미로 쓰인다. 단독으로는 용량의 단위인 '말'을 뜻하기 때문에 '말두'라 불린다. 참고로 10되와 1말이 같은 양이다.

4획 | ' ㅡ ㅗ 斗

부수 한자 쓰기 文 玄 衣 衤

글월문

★★☆☆☆
『진검승부 부수 한자 사전』
140장 참조

사람의 가슴에 무늬가 있는 모습을 본뜬 것이다. 글자 내에서 '무늬, 문양, 얼룩'의 의미를 나타낸다. 단독으로는 '글, 글월'의 뜻으로 쓰인다.

4획 丶 亠 ナ 文

검을현

★★☆☆☆
『진검승부 부수 한자 사전』
156장 참조

가는 실의 상형으로, 幺(작을요)나 糸(실사)와 형제 부수라고 할 수 있다. 가느다란 실에서 '작고 멀다'는 뜻이 나타났고, 파생하여 '아득하다, 검다'의 의미도 나타낸다.

5획 丶 亠 亠 玄 玄

102

文武兼全 [문무겸전]
학식과 무예를 모두 갖추다.

옷 의

★★★★★
『진검승부 부수 한자 사전』
49장 참조

사람이 입는 옷의 상형이다. 각종 옷과 관련된 글자에 사용된다. 글자의 좌측에서는 衤형태로 변형되지만 별도의 명칭은 없다.

6획  衤(5획)

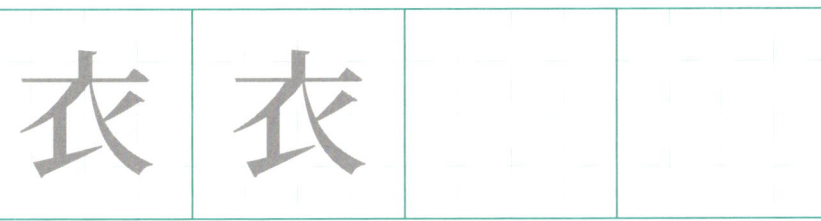

衤

옷의변

★★★★★
『진검승부 부수 한자 사전』
49장 참조

사람이 입는 옷의 상형인 衣(옷의)가 변형된 형태이다. 글자의 좌측에만 위치한다. 혹여 礻(보일시: 4획)와 혼동하지 않도록 주의하자.

5획 ｀ ㇇ 礻 衤 衤

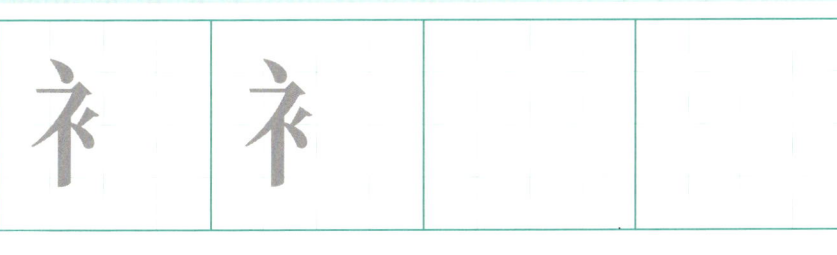

부수 한자 쓰기 白 自 首 鼻

白
흰백

어떤 물건의 상형인지 의견이 너무 다양하다. 다른 글자 내에서 '하얗다, 빛나다'의 의미로 매우 빈번하게 등장한다.

5획 ´ 亻 白 白 白

★★⯨☆☆
『진검승부 부수 한자 사전』
124장 참조

自
스스로자

사람 코의 상형이다. 그런데 현재 코를 대표하는 글자는 鼻(코 비)이다. 하지만 다른 글자 내에서는 여전히 自(자)가 '코'의 의미를 나타내고 있다.

6획 ´ 亻 自 自 自 自

★★⯨☆☆
『진검승부 부수 한자 사전』
101장 참조

首丘初心 [수구초심]
여우가 죽을 때 자기가 살던 언덕 쪽으로 머리를 향한다.

首
머리 수

★☆☆☆☆
『진검승부 부수 한자 사전』
161장 참조

사람의 눈(目) 위에 머리털을 덧붙여 '머리'를 표현하였다. 파생하여 '우두머리'의 의미도 나타낸다. 面(낯 면)과 친척 글자라 할 수 있다.

9획 丶 丷 丷 ソ 产 产 首 首 首

鼻
코 비

★☆☆☆☆
『진검승부 부수 한자 사전』
157장 참조

自+畀. 본래 코의 모습을 본뜬 글자는 自(스스로 자)이다. 여기에 시루를 뜻하는 畀가 더해져 '코'의 의미를 나타내고 있다. 시루는 구멍이 뚫린 그릇으로 코를 공기필터에 빗댄 것으로 볼 수 있다.

14획 丶 丿 亻 冂 甶 甶 皁 臬 臬 鼻 鼻 鼻 鼻 鼻

부수 한자 쓰기 立 | 辛 | 音 | 龍

立

설립

★★★☆☆

「진검승부 부수 한자 사전」 109장 참조

大+一. 사람(大)이 땅(一) 위에 서 있는 모습을 표현한 것이다. '서다, 일어서다'의 의미를 나타내고 있다.

5획 | 丶 亠 亣 立 立

立 立

辛

매울신

★★½☆☆

「진검승부 부수 한자 사전」 24장 참조

예리한 날이 있는 형벌 도구의 상형이다. 파생하여 '맵다'의 뜻을 나타내며 '날카로운 도구'의 의미로 활용된다.

7획 | 丶 亠 亣 立 立 辛 辛

辛 辛

畫龍點睛 [화룡점정]
용을 그리며 마지막으로 눈동자에 점을 찍다.

音

소리음

★★☆☆☆

『진검승부 부수 한자 사전』
108장 참조

본래 言(말씀 언)에 점 하나 찍힌 형태인데, 현재는 모양이 많이 달라졌다. 사람의 말 외에 각종 '소리'를 의미한다.

9획 | 丶 亠 立 产 产 音 音 音

龍

용룡

★☆☆☆☆

『진검승부 부수 한자 사전』
132장 참조

상상의 동물인 용의 모습을 표현한 것이다. 글자가 꽤 복잡하다는 생각이 들 수도 있겠지만 과거에 비해 상당히 다듬어진 형태이다.

16획 | 丶 亠 立 产 咅 咅 音 音 青 青 龍 龍 龍 龍 龍

부수 한자 쓰기 羊 血 米 舟

羊
양 양

★★★★☆
『진검승부 부수 한자 사전』
70장 참조

양(ram)의 머리를 본뜬 모습이다. '양, 양고기'의 의미로 활용되며, 과거 양이 제사의 희생으로 사용되는 경우가 많아 '제사'의 의미로도 작용한다.

6획 ｜ 丶 丷 半 半 羊 羊

血
피 혈

★★☆☆☆
『진검승부 부수 한자 사전』
159장 참조

丶+皿. 그릇(皿)에 피(丶)를 담은 모습으로, 고대의 제사 의식과 관련된 글자이다. '피, 혈액'의 뜻을 나타낸다.

6획 ｜ 丿 亠 冂 血 血 血

刻舟求劍 [각주구검]
배에서 칼을 떨어뜨리자 배에 표시를 해뒀다가 칼을 찾는다.

米 쌀미

벼 이삭의 상형이다. 쌀이나 쌀을 가공한 여러 음식을 표현한 글자에 널리 쓰인다. 禾(벼 화)와 친척 글자라 하겠다.

6획 ｀ ⺍ 米 米 米

★★★★☆
『진검승부 부수 한자 사전』 97장 참조

舟 배주

나룻배의 상형이다. 배나 배와 관련된 도구에 두루 사용되는 글자이다.

6획 ´ 丿 丹 舟 舟 舟

★★★☆☆
『진검승부 부수 한자 사전』 15장 참조

부수 한자 쓰기 言 身 高 鬼

言
말씀 언

★★★★★
『진검승부 부수 한자 사전』
13장 참조

풀이에 대해 여러 의견이 존재한다. 간혹 첫 획을 一 형태로 보기도 한다.

7획 | 丶 亠 宀 士 宁 言 言

身
몸 신

★★☆☆☆
『진검승부 부수 한자 사전』
158장 참조

임신한 여성을 옆에서 본 모습이다. 본래 의미는 '임신'이었으나 이후 '몸, 신체'로 달라지게 되었다.

7획 | 丿 丨 亻 ⺆ 肙 身 身

男兒一言重千金 [남아일언중천금]
사내의 한마디 말은 천금보다 무겁다.

高
높을고
★★☆☆☆
『진검승부 부수 한자 사전』
145장 참조

높은 지대에 있는 구조물의 상형으로 '높다'의 뜻을 나타낸다.

10획 ｜ 亠 宀 古 古 古 冎 高 高 高 高

鬼
귀신귀
★★★☆☆
『진검승부 부수 한자 사전』
98장 참조

몸통에 비해 머리가 매우 큰 사람을 표현한 글자이다. 글자 내에서 '귀신'이나 '유달리 크다'의 의미로 작용한다.

10획 ｜ 丿 宀 白 白 由 甶 尹 鬼 鬼 鬼

부수 한자 쓰기 鳥 鹿 麻 齊

鳥
새 조

★★★★☆
『진검승부 부수 한자 사전』
4장 참조

날갯짓하는 새의 상형이다. 다양한 종류의 새 혹은 새와 관련된 글자에 널리 쓰인다.

11획 ｜ ′ ′ ′ ′ ′ 鳥 鳥 鳥 鳥 鳥

鳥	鳥		

鹿
사슴 록

★★★☆☆
『진검승부 부수 한자 사전』
20장 참조

뿔이 달린 수사슴의 상형이다. 사슴과의 동물을 포함해 여러 길짐승을 표현하는 데 사용된다.

11획 ｜ ′ ′ 广 广 户 声 声 声 鹿 鹿 鹿

鹿	鹿		

一石二鳥 [일석이조]
돌 하나로 새 두 마리를 잡다.

麻
삼마

★★☆☆☆
『진검승부 부수 한자 사전』
151장 참조

식물의 일종인 삼의 상형이다. 줄기의 껍질은 삼베의 재료로 사용한다.

11획 ｜ 亠 广 广 圹 庁 庁 庐 庐 麻 麻

齊
가지런할제

★☆☆☆☆
『진검승부 부수 한자 사전』
152장 참조

곡식의 이삭이 가지런히 자란 모습을 나타낸 것이다. '가지런하다, 반듯하다'의 의미를 지닌다.

14획 ｜ 亠 亠 亣 亣 宂 斉 斉 斉 齊 齊 齊 齊

PART 4

첫 획

부수 한자 쓰기 亅 乙 力 匕

亅
갈고리궐

★☆☆☆☆
『진검승부 부수 한자 사전』
201장 참조

끝이 휘어진 갈고리의 상형이다. 단독으로 쓰임새가 없고, 글자 내에서 '갈고리'의 의미로 작용하는 경우도 거의 없다. 기본획으로만 익혀두면 되겠다.

| 1획 | 亅 |

乙
새을

★★☆☆☆
『진검승부 부수 한자 사전』
63장 참조

사물이 시원스레 뻗어나가지 못하는 상태를 표현한 것이다. 글자의 우측에서 乚 형태로 변형되기도 한다. 본래 새(bird)와는 무관하며 乙 형태가 백조나 오리와 비슷해 '새을'이란 명칭을 얻었다.

| 1획 | 乙 |

盡心竭力 [진심갈력]
온 힘과 마음을 전부 기울이다.

力 힘력

농기구의 일종인 쟁기의 상형으로, 쟁기질하는 모습에서 '힘'의 의미가 나타났다. 다른 글자 내에서 '쟁기'나 '힘'의 의미로 작용한다.

2획 | ㄱ 力

★★★☆☆
『진검승부 부수 한자 사전』
80장 참조

㔾 병부절방

무릎 꿇고 앉아 있는 사람의 모습이다. '무릎 꿇고 하는 행동'이나 '관절'의 뜻으로 쓰인다. 파생하여 관절처럼 딱 들어맞는 '부절(符節)'의 의미도 나타낸다. 그래서 '병부절' 혹은 '병부절방'으로 불린다.

2획 | ㄱ 㔾

★★☆☆☆
『진검승부 부수 한자 사전』
61장 참조

부수 한자 쓰기 刀 刂 又 厶

刀
칼도

★★★★★
『진검승부 부수 한자 사전』
46장 참조

날카로운 칼의 상형으로, 칼과 관련된 다양한 글자에 사용된다. 글자의 우측에서는 刂 형태로 변형되며 '칼도방' 또는 '선칼도방'이라 불린다.

2획	ㄱ 刀	刂(2획)	
刀	刀		

刂
칼도방

★★★★★
『진검승부 부수 한자 사전』
46장 참조

날카로운 칼의 상형인 刀(칼도)의 변형된 형태이다. 글자의 우측에만 위치한다. '선칼도방'이라고도 한다.

2획	ㅣ 刂		
刂	刂		

日新又日新 [일신우일신]
날마다 새롭고 또한 날마다 새롭다.

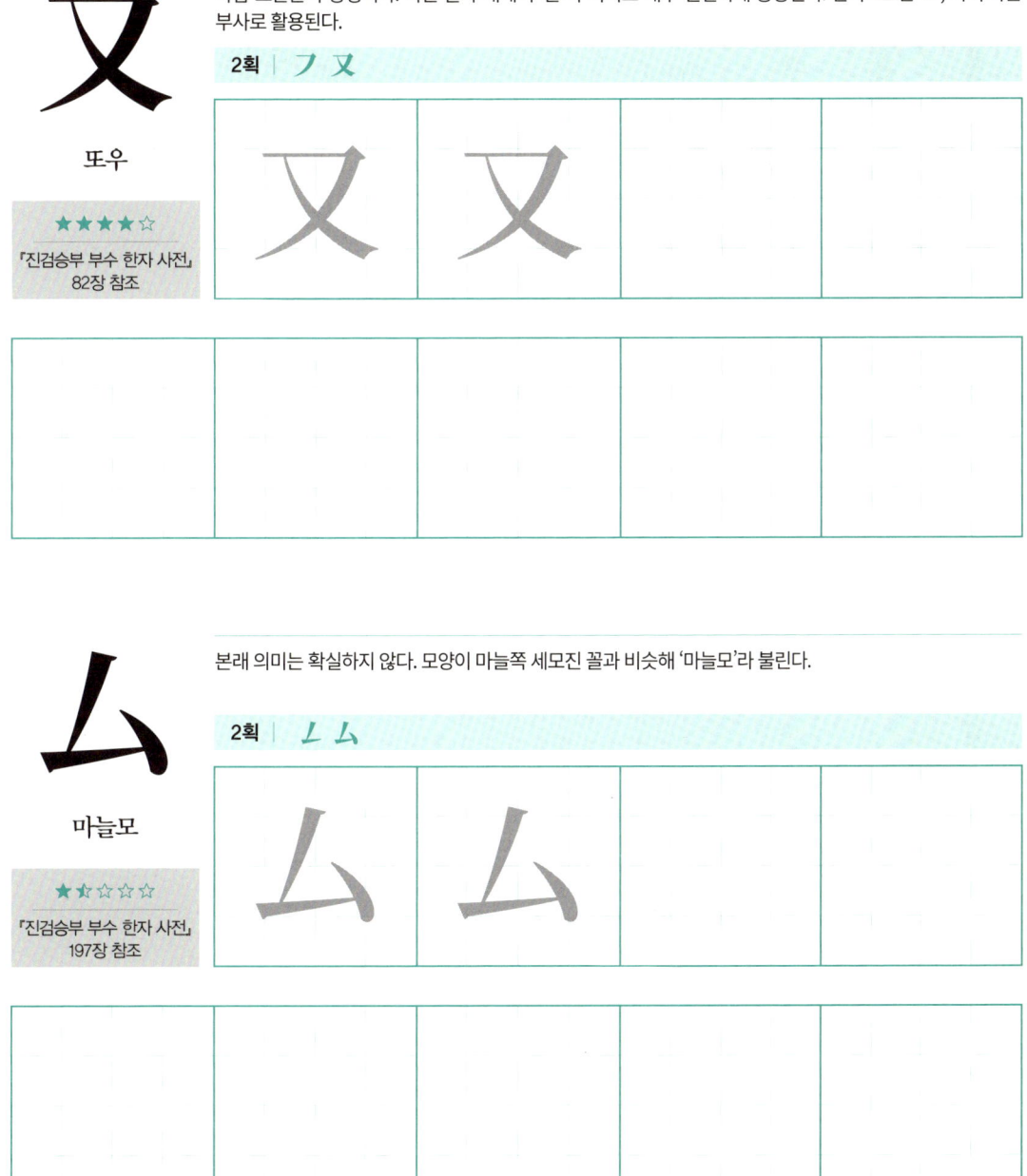

又 **또우**
★★★★☆
『진검승부 부수 한자 사전』 82장 참조

사람 오른손의 상형이다. 다른 글자 내에서 '손'의 의미로 매우 빈번하게 등장한다. 단독으로는 '또, 다시'라는 부사로 활용된다.

2획 | ㄱ 又

厶 **마늘모**
★☆☆☆☆
『진검승부 부수 한자 사전』 197장 참조

본래 의미는 확실하지 않다. 모양이 마늘쪽 세모진 꼴과 비슷해 '마늘모'라 불린다.

2획 | ㄴ 厶

부수 한자 쓰기 凵 己 彑 尸

凵
위터진입구

★☆☆☆☆
『진검승부 부수 한자 사전』
191장 참조

함정의 상형이다. 口(큰입구)에서 위가 터진 모양이라 하여 '위터진입구'라 불린다.

2획 | 凵 凵

己
몸기

★★☆☆☆
『진검승부 부수 한자 사전』
126장 참조

굽어진 어떤 형태를 의미한다. 하지만 정확히 무엇의 상형인지는 명확하게 밝혀지지 않았다. 단독으로는 '자기, 자신, 몸'의 의미로 쓰이기 때문에 '몸기'라 불린다.

3획 | 그 그 己

知彼知己 百戰百勝 [지피지기 백전백승]
적을 알고 나를 알면 백 번 싸워 백 번 이긴다.

弓

활궁

★★★⯪☆
『진검승부 부수 한자 사전』
30장 참조

활의 상형이다. 여러 종류의 활이나 궁술과 관련된 글자에 널리 쓰인다.

3획 | ㇇ ㇉ 弓

尸

주검시

★★★☆☆
『진검승부 부수 한자 사전』
92장 참조

사람 시신(주검)의 상형이다. 하지만 글자 내에서 '살아 있는 사람'으로 작용하는 경우도 많다. 또한 '지붕'의 의미로 쓰이는 경우도 흔하다. 별개의 글자들이 尸 형태로 단순화되면서 생긴 혼선이라 하겠다.

3획 | ㇆ ㇉ 尸

부수 한자 쓰기 阝 阜 阝 邑

阝
좌부변

★★★★☆
「진검승부 부수 한자 사전」
44장 참조

阜(언덕부)는 층진 형태의 흙산이나 언덕의 상형이다. 글자 좌측에서 阝 형태로 변형되어 각종 지형과 관련된 글자에 활용된다. 이 경우 '좌부변'이라 불린다.

3획 │ ＇ ３ 阝   阜(8획)

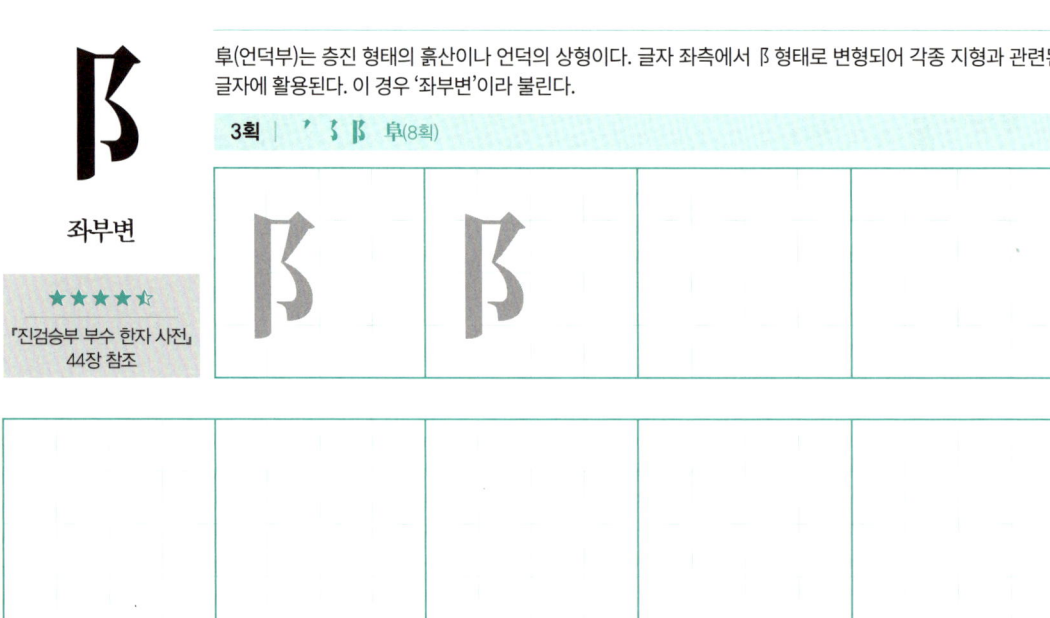

阜
언덕부

★☆☆☆☆
「진검승부 부수 한자 사전」
44장 참조

층진 형태의 흙산이나 언덕의 상형이다. 각종 지형 관련 글자에 자주 볼 수 있는 부수인 阝(좌부변)의 본래 형태이다.

8획 │ ＇ ｒ ｒ 阝 阝 皀 皀 阜

邑面洞里 [읍면동리]
우리나라의 말단 행정 구역 단위.

阝
우부방

★★★★☆
『진검승부 부수 한자 사전』
45장 참조

阝(고을읍)은 '고을, 마을'을 뜻한다. 글자의 우측에서 阝 형태로 변형되어 각종 지역과 관련된 글자에 널리 사용된다. 이 경우 '우부방'이라 불린다.

3획 | ＇ 阝 阝 邑(7획)

邑
고을읍

★☆☆☆☆
『진검승부 부수 한자 사전』
45장 참조

口+巴. 사람(巴)이 사는 일정한 공간(口)인 '고을, 마을'을 뜻한다. 각종 지역 관련 글자에 다용하는 부수인 阝(우부방)의 본래 형태이다.

7획 | ＇ 口 口 吕 吕 邑 邑

부수 한자 쓰기 子 女 母 小

子

아들자

★★★★☆

『진검승부 부수 한자 사전』
85장 참조

갓난아기의 상형이다. 어른의 상형인 大(큰 대)에 비해 머리는 크고 다리는 힘이 없는 모습을 볼 수 있다. '아이, 자식'의 의미로 활용된다.

3획 | 　 了 子

子 子

女

계집녀

★★★★★

『진검승부 부수 한자 사전』
93장 참조

여성의 모습을 표현한 글자이다. 정확히 어떤 자세인지는 분명하지 않다. '여성, 부인' 등의 의미로 매우 다용되는 글자이다.

3획 | 　 女 女

女 女

小貪大失 [소탐대실]
작은 것을 탐하다가 큰 것을 놓치다.

毋
말 무

★★☆☆☆
『진검승부 부수 한자 사전』
105장 참조

본래 母(어미 모)와 같은 글자였다. 하지만 두 점 대신 한 획으로 이어진 형태가 되었고, 의미도 '말다, 없다'의 의미로 변형되었다. 참고로 母(어미 모)는 女(계집 녀)에 두 점을 찍어 젖가슴을 강조한 글자이다.

4획 | ㄴ ㄇ ㅁ 毋 毋

小
작을 소

★★☆☆☆
『진검승부 부수 한자 사전』
100장 참조

정확한 의미는 밝혀지지 않았다. 작은 점 셋으로 '작다'라는 의미를 나타내고 있다. 다른 글자 내에서 '크기가 작다, 수가 적다'라는 의미로 작용한다.

3획 | 亅 亅 小

부수 한자 쓰기 幺 糸 彐 夕

幺

작을요

★★☆☆☆

『진검승부 부수 한자 사전』
81장 참조

실끝의 모습을 표현한 글자로 '실, 작다, 연결하다'의 뜻을 나타낸다. 참고로 부수 중에서 糸(실사), 玄(검을현)과 친척 관계라 할 수 있다.

3획 | 幺 幺 幺

幺 幺

糸

실사

★★★★★

『진검승부 부수 한자 사전』
14장 참조

묶어놓은 실의 상형이다. 실을 대표하는 글자인 絲(실 사)의 절반인데, 편의상 '실사' 혹은 '실사변'으로 불린다.

6획 | 糸 糸 糸 糸 糸 糸

糸 糸

一絲不亂 [일사불란]
한 오라기의 실도 엉키지 않는다. 질서가 정연하여 흐트러지지 않는 상태를 이르는 말.

크
터진가로왈

★★☆☆☆
『진검승부 부수 한자 사전』
206장 참조

멧돼지 머리의 상형이다. 단독으로는 '돼지머리 계'이다. 모양이 曰(가로 왈)에서 옆이 터진 형태라 하여 '터진 가로왈'이라 불린다.

3획 | ㄱ ㅋ 크

彑
돼지머리 계

★★☆☆☆
『진검승부 부수 한자 사전』
206장 참조

크(터진가로왈)의 변형된 형태로 알고 있으면 되겠다.

3획 | ㄴ ㅌ 彑

부수 한자 쓰기 屮 水 氵 氺

屮

왼손좌

★☆☆☆☆

『진검승부 부수 한자 사전』
209장 참조

싹이 막 터서 올라오는 턱잎의 상형이다. 단독으로는 '풀 철'로 艸(초두)의 절반에 해당한다. 그런데 왼손의 상형인 '왼손 좌'의 옛 글자와 모양이 거의 같다. 때문에 부수 분류상 묶여 있고 부수 명칭도 혼용한다.

3획 ㅣ ㄴ 屮

屮	屮		

水

물수

★★★★★

『진검승부 부수 한자 사전』
48장 참조

흐르는 물의 모습을 표현한 것으로, 물과 관련된 글자에 널리 쓰인다. 글자의 좌측에서 氵 형태로 변형되는데 3획이라 '삼수변'이라 불린다. 간혹 글자의 하단에서 氺 형태로 변형되기도 한다.

4획 ㅣ 가 水 水 氵(3획) 氺(5획)

水	水		

128

水清無大魚 [수청무대어]
물이 너무 맑으면 큰 물고기가 없다.

삼수변

★★★★★

『진검승부 부수 한자 사전』
48장 참조

역시 흐르는 물의 모습을 표현한 水(물수)의 변형된 형태이다. 글자의 좌측에만 위치하며 3획이라 '삼수변'으로 불린다.

물수

★★★☆☆

『진검승부 부수 한자 사전』
48장 참조

흐르는 물의 상형인 水(물수)가 변형된 것이다. 水(물수)가 글자의 하단에 위치할 때 水 형태 그대로 있기도 하고, 氺 형태로 변하기도 한다. 별도의 명칭은 없지만 5획인 점에 주의하자.

부수 한자 쓰기 夂 矛 疋 癶

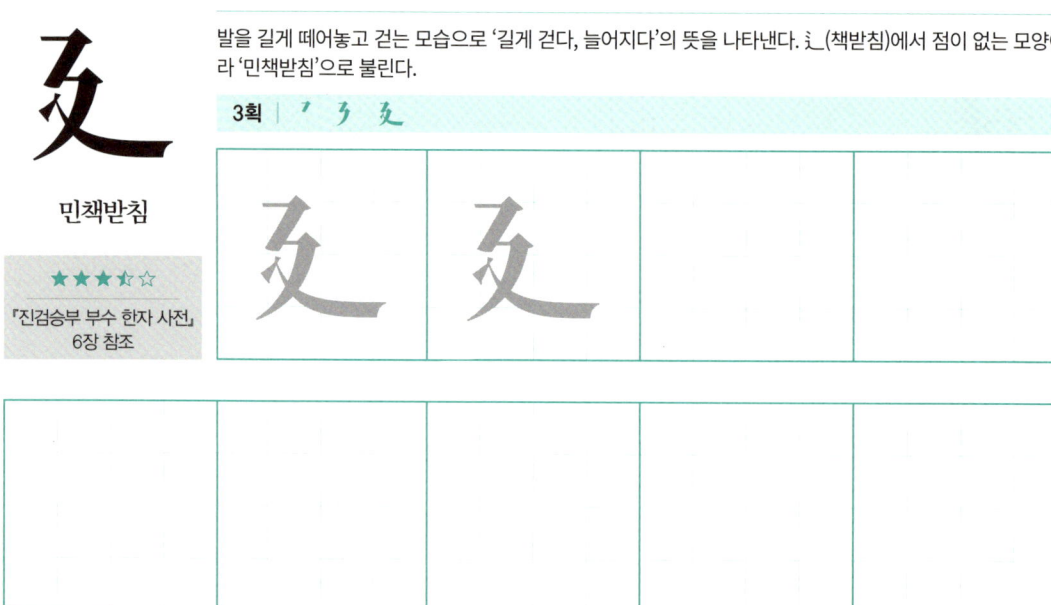

夂 민책받침

★★★☆☆
『진검승부 부수 한자 사전』
6장 참조

발을 길게 떼어놓고 걷는 모습으로 '길게 걷다, 늘어지다'의 뜻을 나타낸다. 辶(책받침)에서 점이 없는 모양이라 '민책받침'으로 불린다.

3획 | ノ ㇇ 夂

矛 창모

★★☆☆☆
『진검승부 부수 한자 사전』
120장 참조

자루 끝에 날카로운 날이 달린 창의 상형이다. 주로 찌르는 무기이기 때문에 글자 내에서 '창, 찌르다'의 의미로 작용한다.

5획 | ㇇ ㇇ ㇇ 予 矛

矛盾 [모순]
창과 방패. 말이나 행동의 앞뒤가 맞지 않음을 이르는 말.

필필

★★☆☆☆

『진검승부 부수 한자 사전』
107장 참조

발의 상형이다. 足(발 족)과 형제 글자이지만 독음과 활용도 면에서 차이가 많다. 본래 '필'은 비단이나 말을 세는 단위이다. 그런데 여기에 匹(필 필)과 疋을 혼용하는 경우가 많아 '필필'로 불린다.

5획 | ㄱ ㅜ ㅠ ㅠ 疋

필발머리

★★⯪☆☆

『진검승부 부수 한자 사전』
181장 참조

두 발을 벌린 모습을 표현한 것으로, 글자 내에서 '걷다'의 뜻을 나타낸다. 소속 글자 중 대표인 發(필 발)의 상단이라 하여 '필발머리'라 불린다.

5획 | ㄱ ㄱ ㅋ ㅆ 癶

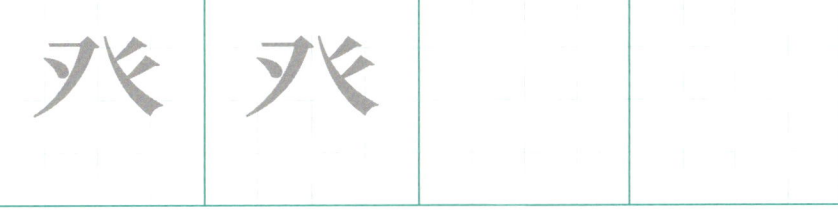

부수 한자 쓰기 羽 | 艮 | 聿 | 隶

羽
깃 우

★★☆☆☆
『진검승부 부수 한자 사전』
71장 참조

새의 두 날개를 본뜬 모습이다. '깃, 새, 날개, 날갯짓'의 뜻으로 작용한다.

6획 | 丨 丨 丬 刃 羽 羽

艮
머무를 간

★☆☆☆☆
『진검승부 부수 한자 사전』
133장 참조

본래 사람의 눈(目)을 강조한 형태였지만 변형이 심하다. 見(볼 견)과 뿌리가 비슷한 글자이지만, 艮(간)은 '머무르다'의 의미를 나타낸다.

6획 | 丨 ㄱ ㅋ 艮 艮 艮

積羽沈舟 [적우침주]
깃털도 쌓이면 배를 가라앉게 할 수 있다.

손에 붓을 쥐고 있는 모습을 표현한 것이다. '붓' 그리고 '글씨 쓰기'의 의미로 작용한다. 筆(붓 필)에서 竹(대 죽)을 제외한 부분으로 알아두면 되겠다.

6획 ㄱ ㅋ ㅋ ㅋ ㅋ 聿

붓 율

『진검승부 부수 한자 사전』
117장 참조

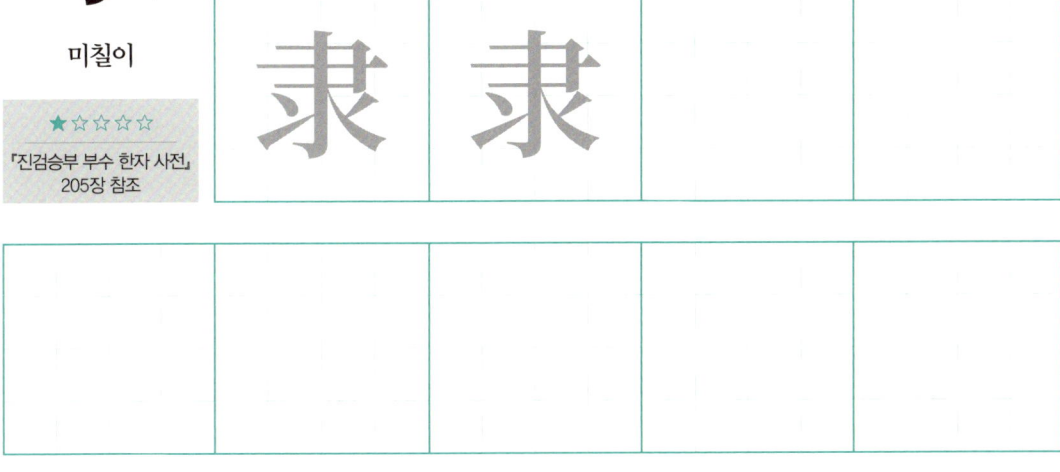

손으로 꼬리를 잡으려는 모습이라 하는데 변형이 심하다. '붙잡다, 미치다'의 뜻을 나타낸다.

8획 ㄱ ㅋ ㅋ 肀 肀 肀 隶 隶

미칠 이

『진검승부 부수 한자 사전』
205장 참조

부수 한자 쓰기 韋 | 飛

韋
다룸가죽위

★☆☆☆☆
『진검승부 부수 한자 사전』
147장 참조

두 발이 위아래에서 口 형태를 에워싼 모습이다. 글자 내에서 '에워싸다' 그리고 '갈라지다'의 의미를 나타낸다. 단독으로는 무두질해 부드러워진 가죽인 '다룸가죽'의 의미로 쓰인다.

9획 | 一 ㄱ 弓 ㅕ ㅕ ㅕ 皐 韋 韋

飛
날비

★☆☆☆☆
『진검승부 부수 한자 사전』
169장 참조

날갯짓하며 날고 있는 새의 모습을 표현한 것이다. '날다'의 뜻을 나타낸다.

9획 | ㄱ ㄷ ㄷ 下 下 飛 飛 飛

획수로 부수 찾아보기

1획

一 한일	⋯ 12
丨 뚫을곤	⋯ 42
丶 점주	⋯ 94
丿 삐침별	⋯ 62
乙(乚) 새을	⋯ 116
亅 갈고리궐	⋯ 116

卜 점복	⋯ 43
卩(㔾) 병부절(병부절방)	⋯ 117
厂 민엄호	⋯ 13
厶 마늘모	⋯ 119
又 또우	⋯ 119
· 亻 사람인변	⋯ 62
· 刂 칼도방(선칼도방)	⋯ 118

2획

二 두이	⋯ 12
亠 돼지해머리	⋯ 95
人 사람인	⋯ 62
儿 어진사람인발	⋯ 65
入 들입	⋯ 63
八 여덟팔	⋯ 64
冂 멀경	⋯ 42
冖 민갓머리	⋯ 95
冫 이수변	⋯ 94
几 안석궤	⋯ 64
凵 위터진입구	⋯ 120
刀 칼도	⋯ 118
力 힘력	⋯ 117
勹 쌀포	⋯ 65
匕 비수비	⋯ 63
匚 터진입구	⋯ 14
匸 터진에운담	⋯ 14
十 열십	⋯ 13

3획

口 입구	⋯ 44
囗 큰입구	⋯ 44
土 흙토	⋯ 15
士 선비사	⋯ 15
夂 뒤져올치	⋯ 68
夊 천천히걸을쇠	⋯ 68
夕 저녁석	⋯ 69
大 큰대	⋯ 18
女 계집녀	⋯ 124
子 아들자	⋯ 124
宀 갓머리	⋯ 96
寸 마디촌	⋯ 17
小 작을소	⋯ 125
尢(兀, 尣) 절름발이왕	⋯ 19
尸 주검시	⋯ 121
屮 왼손좌	⋯ 128
山 메산	⋯ 46
川(巛) 개미허리	⋯ 67

工 장인공	… 16	
己 몸기	… 120	
巾 수건건	… 43	
干 방패간	… 16	
幺 작을요	… 126	
广 엄호밑	… 97	
廴 민책받침	… 130	
廾 밑스물입	… 20	
弋 주살익	… 17	
弓 활궁	… 121	
彐(彑) 터진가로왈	… 127	
彡 터럭삼	… 67	
彳 두인변	… 66	
· 忄 심방변	… 98	
· 扌 재방변	… 73	
· 氵 삼수변	… 129	
· 犭 개사슴록변	… 19	
· 艹 초두	… 21	
· 阝 우부방	… 123	
· 阝 좌부변	… 122	

4획

心(忄) 마음심	… 98	
戈 창과	… 23	
戶 지게호	… 75	
手 손수	… 72	
支 지탱할지	… 22	
攵(攴) 등글월문	… 76	
文 글월문	… 102	
斗 말두	… 101	
斤 날근	… 75	
方 모방	… 100	
无(旡) 없을무	… 24	
日 날일	… 45
曰 가로왈	… 45
月 달월	… 69
木 나무목	… 22
欠 하품흠	… 74
止 그칠지	… 46
歹 죽을사	… 24
殳 갖은등글월문	… 77
毋 말무	… 125
比 견줄비	… 25
毛 털모	… 73
氏 각시씨	… 71
气 기운기	… 74
水 물수	… 128
火 불화	… 99
爪 손톱조	… 70
父 아비부	… 72
爻 점괘효	… 71
爿 장수장변	… 47
片 조각편	… 77
牙 엄니아	… 23
牛 소우	… 70
犬 개견	… 18
· 灬 연화발	… 99
· 王 구슬옥	… 26
· 罒 그물망	… 51
· 耂 늙을로	… 31
· 月 육달월	… 51
· 艹 초두	… 20
· 辶 책받침	… 10
· 礻 보일시	… 28

5획

玄 검을현	… 102
玉 구슬옥	… 26
瓜 오이과	… 79
瓦 기와와	… 27
甘 달감	… 26
生 날생	… 81
用 쓸용	… 78
田 밭전	… 48
疋 필필	… 131
疒 병질엄	… 97
癶 필발머리	… 131
白 흰백	… 104
皮 가죽피	… 78
皿 그릇명	… 49
目(罒) 눈목	… 48
矛 창모	… 130
矢 화살시	… 79
石 돌석	… 27
示 보일시	… 28
禸 짐승발자국유	… 49
禾 벼화	… 80
穴 구멍혈	… 96
立 설립	… 106
ㆍ氺 물수	… 129
ㆍ罒 그물망	… 51
ㆍ衤 옷의변	… 103
ㆍ歺 죽을사	… 24

6획

竹 대죽	… 82
米 쌀미	… 109
糸 실사	… 126
缶 장군부	… 83
网 그물망	… 51
羊 양양	… 108
羽 깃우	… 132
老 늙을로	… 31
而 말이을이	… 30
耒 쟁기뢰	… 84
耳 귀이	… 29
聿 붓율	… 133
肉 고기육	… 50
臣 신하신	… 29
自 스스로자	… 104
至 이를지	… 31
臼 절구구	… 84
舌 혀설	… 82
舛 어그러질천	… 83
舟 배주	… 109
艮 머무를간	… 132
色 빛색	… 85
艸 초두(풀 초)	… 21
虍 범호밑	… 52
虫 벌레충	… 50
血 피혈	… 108
行 다닐행	… 66
衣 옷의	… 103
襾(西) 덮을아	… 30

7획

見 볼견	… 53
角 뿔각	… 86
言 말씀언	… 110
谷 골곡	… 86

豆 콩두	… 32	革 가죽혁	… 37
豕 돼지시	… 35	韋 다룸가죽위	… 134
豸 발없는벌레치	… 87	韭 부추구	… 56
貝 조개패	… 52	音 소리음	… 107
赤 붉을적	… 34	頁 머리혈	… 37
走 달릴주	… 33	風 바람풍	… 89
足 발족	… 54	飛 날비	… 134
身 몸신	… 110	食 밥식	… 89
車 수레거	… 32	首 머리수	… 105
辛 매울신	… 106	香 향기향	… 81
辰 별진	… 34		
辶 책받침	… 101		
邑 고을읍	… 123	**10획**	
酉 닭유	… 33	馬 말마	… 57
釆 분별할변	… 85	骨 뼈골	… 56
里 마을리	… 53	高 높을고	… 111
• 長 길장	… 55	髟 터럭발밑	… 55
		鬥 싸울투	… 57
		鬯 술창	… 90
8획		鬲 솥력	… 38
金 쇠금	… 88	鬼 귀신귀	… 111
長 길장	… 55		
門 문문	… 54	**11획**	
阜 언덕부	… 122	魚 물고기어	… 90
隶 미칠이	… 133	鳥 새조	… 112
隹 새추	… 88	鹵 소금밭로	… 58
雨 비우	… 35	鹿 사슴록	… 112
靑 푸를청	… 36	麥 보리맥	… 38
非 아닐비	… 87	麻 삼마	… 113

9획	
面 낯면	… 36

12획	
黃 누를황	… 39

黍 기장서 … 80
黑 검을흑 … 58
黹 바느질할치 … 59

13획
黽 맹꽁이맹 … 59
鼎 솥정 … 60
鼓 북고 … 39
鼠 쥐서 … 91

14획
鼻 코비 … 105
齊 가지런할제 … 113

15획
齒 이치 … 47

16획
龍 용룡 … 107
龜 거북귀 … 91

17획
龠 피리약 … 92